rütten & loening
AUFBAU VERLAGSGRUPPE

Didier van Cauwelaert

Die Jesus-Formel

Auf der Suche nach dem heiligen Gen

Aus dem Französischen
von Olaf Matthias Roth

Rütten & Loening
Berlin

Die Originalausgabe ist unter dem Titel
Cloner le Christ?
2005 bei den Éditions Albin Michel in Paris erschienen.

ISBN-10: 3-352-00660-1
ISBN-13: 978-3-352-00660-9

1. Auflage 2006

Einbandgestaltung Preuße & Hülpüsche Grafik Design
Druck und Binden Clausen & Bosse, Leck
Printed in Germany

www.ruetten-und-loening.de

Für meinen Vater, der vor dem Ende ging

»Glaube aber ist: feststehen in dem, was man erhofft,
Überzeugtsein von Dingen, die man nicht sieht.«

Paulus, *Brief an die Hebräer*

»Die Kirche ist auf der Welt, um den Menschen
vor dem Wort Gottes zu schützen.«

Marcel Aymé, *Clérambard*

Golgatha im Département Essonne

Auf dem Gehsteig eines Pariser Vorortes schleppt ein junger Mann in Dschellaba ein Kreuz.

»Nicht so steil«, ruft eine Stimme über ihm. »Beug dich ein wenig nach vorn.«

»Okay, Papa«, erwidert der junge Mann und ändert mit einer schmerzverzerrten Grimasse seine Position.

Die Passanten drehen sich um, betrachten verwundert die Gestalt, die wegen des schweren Gewichts im Zickzack an den kleinen Häusern vorbeitaumelt. Hier wird ein Werbespot gedreht, denken sie und halten nach den Kameras Ausschau.

»Finde einen natürlichen Halt, mein Junge, besinne dich auf deinen Schwerpunkt.«

Über seinen Balkon gebeugt, fährt der große bärtige Mann mit Brille fort, den Kreuzweg in Szene zu setzen. Es ist Juni 1997, eine fröhliche Feriensonne strahlt über dem Département Essonne. Professor André Marion, Doktor der Atomphysik, Forscher am Centre National de Recherches Scientifiques (CNRS), Spezialist für Bildbehandlung, hat seinen zwanzigjährigen Sohn gebeten, ihm bei seiner Arbeit zu helfen. Da Rodolphe in etwa die gleiche Statur wie der Gekreuzigte hat, willigte der Junge ein, bei dieser »Rekonstruktion« mitzuwirken. Ziel: die Verschiebung der Dschellaba im Verhältnis zur Körperachse zu konstatieren.

Wozu dieses Experiment? Seit Jahren arbeitet Professor Marion an der Tunika von Argenteuil, jenem nahtlosen Hemd, das Jesus der Überlieferung zufolge beim Aufstieg nach Golgatha getragen haben soll. Dank der hochmodernen Ausstattung des Institut d'Optique d'Orsay (Mikrodensitometer, CCD-Kameras, Scanner zum Digitalisieren und Bearbeiten der Fotos unter Infrarotlicht) konnte Marion die Blutflecken auf der Reliquie katalogisieren. Zunächst erstellte er eine Skizze der von der Flagellation verursachten Wunden und markierte dann die Stellen, an denen die Wunden durch das Tragen des Kreuzes wieder geöffnet worden waren. Für ihn – im übrigen Agnostiker – sollen die letztgenannten Untersuchungen zum Beweis dafür dienen, daß Jesus, im Unterschied zu der im ersten Jahrhundert kolportierten Überlieferung, das gesamte Kreuz und nicht nur einen Balken getragen hat.

Zur Unterstützung dieser Hypothese bat der Physiker seinen Sohn Rodolphe, sich erst den Balken, dann das ganze Kreuz aufzuladen. Anhand der Falten, die das Gewand warf, ließ sich ein geometrisches Computermodell erstellen, das die »möglichen Positionen verzeichnet, die die Tunika auf dem gebeugten Rücken eines Mannes einnimmt, der einen schweren Gegenstand trägt und von körperlichen Schmerzen geschwächt ist«.[1] Selbstverständlich widmete André Marion den entsprechenden Forschungsbericht seinem Sohn.

Nächste Etappe: Nun will Marion die Blutflecken der Tunika von Argenteuil mit denen des Grabtuchs von Turin vergleichen, in welches der Gekreuzigte gebettet worden sein soll. Von den zehn Bereichen, in denen die ursprünglichen Wunden eingezeichnet sind, weisen neun eine völlige Übereinstimmung auf – was eindeutig für die Authentizität der beiden Reliquien spricht. Auch die Tatsache, daß auf beiden Tüchern Pollen gefunden wurden, die Analyse des Blutes und die Untersuchung der DNA, worauf später noch genauer Bezug genommen wird, scheinen folgende These zu bestätigen: In die beiden Stoffe war ein und derselbe Mann gehüllt.

Dennoch hat die Sache einen Haken: Die Datierung mittels Kohlenstoff 14 paßt nicht in dieses Bild. Sie datiert das Grabtuch von Turin nämlich auf etwa 1300 n.Chr., die Tunika von Argenteuil dagegen auf etwa 600 n.Chr. Ein und derselbe Mann hätte demnach im Abstand von sieben Jahrhunderten sein Blut in diesen Tüchern hinterlassen. Immer wieder grenzt diese Geschichte ans Wunderbare, wie wir sehen werden.

Das probateste Mittel, um ein rätselhaftes Phänomen

zu erklären, ist allerdings, die Zeugen, Fachleute und Kommentatoren mundtot zu machen. Im Dezember 2004 erklärt der erste Stellvertreter des Bürgermeisters von Argenteuil mit Unterstützung des ehemaligen Pfarrers der Basilika des Ortes: »Wir haben keine Blutflecken auf der Tunika gefunden: Es handelt sich lediglich um Farbstoffrückstände.« Gerade als die französischen Medien *Das Evangelium nach Jimmy* besprechen, einen Roman, in dem ich mir die Konsequenzen eines Klonversuchs aus der auf dem Turiner Grabtuch gefundenen DNA ausmale, werden in der Umgebung Johannes Pauls II. auf einmal die Ergebnisse der 1978 erfolgten Analyse der Fasern des Grabtuchs in Frage gestellt, die Blut der Blutgruppe AB diagnostizierten. Alle verschanzen sich hinter dem Sesam-schließe-dich des Kohlenstoffs 14, der die beiden Tücher als erst lange nach Jesu Tod entstandene Fälschungen klassifiziert.[2]

Daß ausgerechnet die Besitzer der Reliquien ein derart großes Interesse daran haben, diese zu demontieren, überrascht ein wenig. Was könnten die Gründe dafür sein?

1996 kommt das Schaf Dolly zur Welt, das erste aus erwachsenen Zellen gezeugte Lebewesen. Zwei Jahre nach dem Schaf knöpft man sich sozusagen den Schäfer vor. Bei einem Gespräch mit Papst Johannes Paul II. erklärt Leoncio Garza-Valdés, ein Mikrobiologe der Universität San Antonio (Texas):

»Heiliger Vater, ich hatte die Ehre, drei Gene aus dem Blut Christi molekular zu klonen.«

Der Forscher, der durch unwahrscheinlich anmutende, im weiteren Verlauf noch zu erläuternde Winkelzüge in den Besitz einer Faser des Grabtuchs von Turin gekommen ist, bekräftigt, bei seinen genetischen Manipulationen niemals weiter gegangen zu sein. Doch er warnt Seine Heiligkeit vor der Bedrohung durch amerikanische Messianisten, die im Internet zu Spenden aufrufen, damit sie in den Besitz von Jesu Blut kommen und so einen Klon erschaffen können. Auf der Website des Second Coming Project, einer kalifornischen Sekte, heißt es sogar: »Wenn wir den Stier nicht bei den Hörnern packen, werden die Christen bis in alle Ewigkeit auf die Wiederkehr des Messias warten. Das zweite Kommen Christi wird Realität, weil *wir* ihn wiederkommen lassen werden.«

Man kann sich gut vorstellen, wie der Vatikan – im übrigen bereits durch seine Geheimdienste alarmiert, die zu den besten der Welt zählen – darauf reagiert haben mag. Doch es fragt sich, ob es wirklich die beste Verteidigungsstrategie ist, das Hämoglobin des Gekreuzigten zu schützen, indem man die seriösen und hochanständigen Biologen angreift, die seine Existenz auf den Reliquien nachgewiesen haben. Zu behaupten, es gebe nichts zu stehlen, verhindert nicht unbedingt einen Diebstahl.

Dies gilt um so mehr, als just 1998, während die Presse in aller Deutlichkeit die Zurückhaltung der Kirche in Hinblick auf diese »Ikone« ins Gedächtnis ruft, in der zahlreiche Prälaten noch immer eine mittelalterliche Bemalung sehen, Professor André Marion in einer Fachzeitschrift[3] über die Entdeckung berichtet, die er mit Hilfe der technischen Ausstattung des Institut d'Optique d'Orsay gemacht hat: Auf dem Grabtuch von Turin stehen Inschriften. Spuren einer alten Schrift, in Griechisch und Latein, die, so die Paläographen, vor dem fünften Jahrhundert datieren, bilden mehr oder weniger deutlich Satzbausteine wie »Du wirst in den Tod gehen«, »Nazarener«, »Jesus«, »Schatten eines Gesichts« oder auch »ein Opfer vollbringen«. Und diese Buchstaben haben ihren Abdruck auf die gleiche Weise hinterlassen, wie das Bild des Gekreuzigten selbst entstanden sein muß: durch Oxydation gewisser Fasern auf eine Dicke, die unter der eines Haares liegt. Ein Phänomen, das bislang durch keine Technik im Labor künstlich erzeugt werden konnte.

Unter diesen Umständen ist es begreiflich, daß das Grabtuch von Turin, das so bewußt diffamiert wurde, in einem versiegelten Behälter liegt, wo es sicher vor dem Eifer der Gläubigen, der Gier der Sekten und der Neugier der Wissenschaft ist.

Doch Genforscher lassen sich nicht so leicht entmutigen. Diejenigen, für die das angebliche Blut Christi zu einer Obsession geworden ist, wissen durchaus, woher sie ihre Informationen bekommen können. Ob authentisch oder nicht, das Grabtuch von Turin, die Tunika von Argenteuil und eine dritte Reliquie, das Schweißtuch von Oviedo, wurden zum Pfand heftiger, mehr oder weniger heimlich geführter Auseinandersetzungen zwischen denjenigen, die sie für verehrungswürdig halten, und jenen, die darin vor allem Rohstoffe sehen.

Im September 2004 lerne ich den Fernsehproduzenten Philippe Alfonsi und den Regisseur Yves Boisset kennen. Durch die Behauptungen in meinem Roman *Das Evangelium nach Jimmy* neugierig geworden, wollen sie wissen, was an dem Roman fiktiv ist und was nicht. Ich erzähle ihnen von den wissenschaftlichen Untersuchungen an den sogenannten Passionstüchern und referiere, was ich bis zu diesem Zeitpunkt darüber weiß. Philippe Alfonsi ist für alle Spekulationen offen, Yves Boisset erfrischend ungläubig, und ich gehöre eher den Freigeistern an, die glauben, ohne sich auf ein Etikett festzulegen. Alle drei eint uns das Bestreben, herauszufinden, wie die Gehirnwäsche rund um diese Stoffbahnen funktioniert, andererseits aber auch die Herausforderung des Unerklärlichen anzunehmen, und so beschließen wir, einen Film für *Lundi investigation* zu drehen, das Magazin von Canal +.

Vont-ils cloner le Christ? erforscht in zweiundfünfzig

Minuten die unterschiedlichen Aspekte dessen, was zuweilen das größte Rätsel der Menschheit, manchmal auch der unglaublichste Betrug aller Zeiten zu sein scheint. Dieses Buch stellt das Ergebnis der Nachforschungen dar, ihre Weiterführung und versucht die Konsequenzen der unfaßbaren Entdeckungen vor, während und nach dem Dreh darzustellen.

Sind die Phänomene, denen man begegnet ist, auf eine übernatürliche, uns freundlich gesonnene Macht zurückzuführen oder auf ein von absolutem Machiavellismus geprägtes menschliches Komplott? Was als Recherche für einen Roman geplant war, führte mich in eine Realität jenseits des Irrationalen, auf die Spuren einer ungeheuren Logik.

Die Offenbarung steht unmittelbar bevor, sagen heute viele Gläubige – wohl wahr, doch welche?

Drei Puzzleteile

Bevor wir untersuchen, bei welchen bizarren Gelegenheiten Geißelung, Kreuzigung und vermutete Dematerialisierung Jesu als Plattform für wissenschaftliche Auseinandersetzungen herhalten mußten, ist es vielleicht hilfreich, den Laien, zu denen auch ich gehörte, einige historische Details in Erinnerung zu rufen.

Abgesehen von den Evangelien, besitzen wir nicht gerade viele Zeugnisse über das Leben Jesu. Der jüdische Historiker Flavius Josephus (37–100 n. Chr.) schreibt: »Zu dieser Zeit gab es einen weisen Mann namens Jesus. Pilatus verurteilte ihn zum Tod am Kreuz. Seine Schüler erzählten jedoch, er sei ihnen drei Tage nach seinem Tod erschienen und sei noch am Leben gewesen.« Das ist ungefähr alles – und selbst dies wenige wird von einigen Historikern angezweifelt, die behaupten, der Text sei von christlichen Schreibern »wiedergefunden« worden. Unter den römischen Schriftstellern begnügen sich Plinius der Jüngere, Tacitus und Sueton mit einer lakonisch herablassenden Erwähnung des aufrührerischen Sektenführers, der kurzzeitig gegen das

Römische Reich aufbegehrte. Was jedoch seine Botschaft betrifft, die beeindruckenden Menschenmassen, die er um sich versammelt, den unglaublichen physischen Widerstand, den er seinen Folterknechten entgegenbringt, so schweigen sie sich vollkommen aus. Denkt man an das im Neuen Testament beschriebene Kuddelmuddel, das dieser irrsinnige, wundertätige Anarchist in Palästina anrichtete, versteht man die Welt nicht mehr. Entweder sind die Evangelien nichts als eine Aneinanderreihung erfundener Geschichten, ein erfolgreich eingesetztes Propagandainstrument, das den redegewandten ersten Christen dazu diente, aus dem Nichts jene neue Religion zu schaffen, welche die Welt in ihren Grundfesten erschüttern sollte, oder es hat sich eine Organisation schon zu Jesu Lebzeiten und noch mehr nach seinem Tod auf die Fahnen geschrieben, seine Lehren durch Zensur und Weglassen zu unterwandern und so die irdische Existenz des angeblichen Gottessohns zu negieren.

In diesem Licht bekommen die Passionstücher, sollten sie echt sein, eine ganz neue Bedeutung: Es sind die einzig überzeugenden Beweisstücke in der Frage, ob das Neue Testament mehr ist als nur eine weltfremde Vorstellung.

Um es deutlich zu sagen: Ich will hier weder den Christen irgend etwas beweisen noch die anderen zum Glauben führen, sondern einfach die irreführenden Machenschaften aufzeigen, die wissenschaftliche wie religiöse Hochstapelei sowie darüber hinaus die jüngsten Entdeckungen, deren Zeuge ich wurde, damit jeder sich in Kenntnis der Tatsachen seine eigene Meinung bilden kann. Proselytenmacherei kann man mir schlecht vorwerfen, denn ich bin ebenso instinktiv gläubig wie grundsätzlich skeptisch, habe viele jüdische und muslimische Freunde, wandte mich mit Sechzehn aus Liebe zu einer Chinesin dem Buddhismus zu, teile viele christliche Werte, lebe aber im Wissen um die zahlreichen Widersprüche durchaus im Einklang mit der Sünde, bin von Natur aus Ikonoklast und aus tiefstem Innern gegen jedes System der Vereinnahmung. Die von Henri Tincq, Religionsexperte bei *Le Monde*, eingenommene Position ist auch die meine: »Wer glaubt, für den ist der Glaube zunächst die Bejahung eines Wunders. Er ist keine Ratifizierung, die von mehr oder weniger zusammenhängenden wissenschaftlichen Fakten ausgeht.«

Doch auch dies berechtigt nicht dazu, im Namen des Glaubens die wissenschaftlichen Entdeckungen, die die Existenz eines derartigen Mysteriums beweisen, wegzuwischen, wie es die Vertreter der geistlichen Obrigkeit seit Jahrhunderten getan haben. In diesem Zusammenhang sei an das unsterbliche Wort Pater Xavier Léon-Dufours von 1971 erinnert: »Das leere Grab ist keine Grundlage, auch keine zweitrangige, für den

Glauben an die Auferstehung. [...] Die Aufmerksamkeit auf die Abwesenheit von Jesu Leichnam oder auf zusammengefaltete Leintücher zu lenken bedeutet, den Zuhörer von der eigentlichen Botschaft abzulenken und das Evangelium als Lokalchronik abzustempeln.«[4] Na prima. Bei Theologen dieses Kalibers brauchen Atheisten gar nicht erst in den Ring zu steigen. Der Gläubige dagegen kann mit einer gewissen Beunruhigung über das nachdenken, was Marcel Aymé in *Clérambard* schreibt: »Die Kirche ist auf der Welt, um den Menschen vor dem Wort Gottes zu schützen.«

Doch kehren wir zu unseren Reliquien zurück. Von den Hunderten von Passionsrequisiten, die im Laufe der Jahrhunderte in Umlauf gebracht wurden – Stücke vom »echten Kreuz« in so großer Zahl, daß man daraus ein Bauernhaus zimmern könnte, diverse Nägel, Dornenkronen und Kleidungsstücke –, wollen wir uns auf die drei Tücher konzentrieren, die am eingehendsten untersucht wurden: das Grabtuch von Turin, das Schweißtuch von Oviedo und die Tunika von Argenteuil. Drei Teile eines faszinierenden Puzzles, das die Wissenschaft, trotz des häufigen Widerstands der Kirche, zusammenzusetzen versucht.

Beginnen wir mit dem Grabtuch – das fälschlicherweise auch als »Heiliges Schweißtuch« bezeichnet wird, obwohl dieser Begriff in der jüdischen Tradition der ersten

Jahrhunderte dem Stück Stoff vorbehalten war, das das Gesicht des Toten bedeckte. Dieses Grabtuch ist ein vier Meter sechsunddreißig mal einen Meter zehn großes, in Fischgrätmuster gewebtes Leintuch, das der Länge nach um den Körper, den es enthielt, gewickelt wurde. Es zeigt zum einen den blutigen Abdruck von Stirn und Rücken eines gegeißelten, gekreuzigten Mannes, dessen Flanke von einer Lanze verwundet wurde und dessen Schädel die Spuren eines Helms aus Dornen trägt, darüber hinaus ist ein Abbild dieses Körpers in Vorder- und Rückansicht zu sehen. Das Bild ist ein Negativ, wie man seit 1898 weiß, als der Rechtsanwalt Secondo Pia es fotografierte. Außerdem ist es dreidimensional, wie die NASA und der französische Physiker Yves Saillard gezeigt haben: Aufgrund der unterschiedlichen Intensität an den einzelnen Druckstellen ergibt sich ein Höhenrelief.

Dann wird es allerdings problematisch: Besagtes Bild ist durch monochrome Oxydation von Cellulose entstanden, die bis in eine Tiefe von vierzig Mikrometern meßbar ist. Um auf einem Gewebe einen derartigen Abdruck zu hinterlassen, sagen die Zentren für atomare Studien in Los Alamos und in Gif-sur-Yvette, müßte eine Entladung von mehreren Millionen Volt während einer Milliardstelsekunde stattgefunden haben. Man neigt daher zu der Annahme, es handele sich um einen Schweißfleck, ein Gemälde auf der Basis von Eisenoxyd, eine Frottage oder um eine Fotografie aus dem vierzehnten Jahrhundert – dies zumindest sind die Möglichkeiten des Fälschens, die einem im Mittelalter zu Gebot standen und auf die ich später zurückkommen werde. Eins ist sicher: Verwirft man diese verrückten Hypothesen, tun sich die Abgründe des Absurden auf. Denn der Abdruck zeigt keinerlei Verformung, so als wäre der Körper gar nicht in das Leintuch gewickelt gewesen. Nun stellt sich aber bei der Analyse des Blutes heraus, daß der Körper etwa dreißig Stunden darin gelegen hat – nicht länger, denn es finden sich keine Spuren der Verwesung. Und offensichtlich wurde er »entfernt«, ohne daß Stoffasern ausgerissen oder Blutfasern zurückgeblieben wären, was in Anbetracht der Gerinnung absolut unmöglich ist.

Sollte das Blut also mit dem Pinsel hinzugefügt worden sein? Nein: Es finden sich keinerlei Ansatzspuren. Chirurgen und Hämatologen, von Doktor Barbet in den dreißiger Jahren bis hin zu Doktor Mérat in der heutigen Zeit, haben allesamt die perfekte Übereinstimmung der Fließeigenschaften des Blutes und seiner Zusammensetzung mit den Gesetzen der Anatomie bestätigt. Wenn man dem Leiter des CIELT (Centre international d'études sur le Linceul de Turin), Pierre Mérat, Glauben schenken darf, so muß es sich um einen menschlichen Leichnam handeln, der in dem Leintuch Blutspuren hinterlassen hat und dann auf unerklärliche

Weise verschwunden ist, während sich auf ebenso unerklärliche Weise sein Negativ-Abbild in die Oberfläche der Fasern eingeprägt hat. Doch um wessen Leichnam geht es hier?

In den Archiven wird die Existenz des Grabtuchs zum erstenmal 1357 offiziell erwähnt, im französischen Lirey in der Champagne. Drei Dinge sind denkbar. Entweder ist es das Werk eines genialen Fälschers aus dem Mittelalter, der zur Legendenbildung beitrug, indem er einen Unbekannten geißelte, ihm einen Dornenkranz aufsetzte und dann mit einer Lanze in die Seite stach, um anschließend den Stoff mit speziellen Pollen aus dem Heiligen Land zu bestäuben. Bezieht man sich dagegen auf sämtliche bekannte Datierungsmöglichkeiten mit Ausnahme von C 14, denen zufolge das Gewebe aus dem Palästina zu Beginn unserer Zeitrechnung stammt,[5] so hat einer der tausend Unbekannnten darin gelegen, die während der römischen Besatzung gekreuzigt wurden. Oder es handelt sich um Jesus von Nazareth, denn es gibt nur einen einzigen Text, in dem ein Gegeißelter erwähnt wird, der eine Dornenkrone trägt.

Stützt man sich jedoch auf die beiden letztgenannten Hypothesen, drängt sich sofort die Frage auf: Wo war das Grabtuch dreizehn Jahrhunderte lang? Einzige Gewißheit: der Codex Pray. Im Jahre 1150 hält sich eine ungarische Gesandtschaft in Konstantinopel auf. Kaiser

Manuel I. soll seine Tochter mit Prinz Béla von Ungarn verheiraten und zeigt seinen Gastgebern als Vertrauensbeweis den Kronschatz – insbesondere einen heimlich in der Kapelle gehüteten Gegenstand, den die Historiker *syndon* nennen: Das Wort ist griechischen Ursprungs und bedeutet Grabtuch. »Das Grabtuch Christi«, spezifiziert das Schatzinventar, »welches einen stetigen Myrrheduft verströmt und nicht zerstört werden darf, da der tote Leib Christi darein gehüllt war.«

Ein Miniaturist der ungarischen Gesandtschaft untersucht die Reliquie und gibt sie in der Kreuzlegungsszene des Codex Pray getreu wieder. Auf diesem Manuskript, das genau datiert wurde[6] und bis heute in der Ungarischen Nationalbibliothek in Budapest aufbewahrt wird, sind außer dem typischen Fischgrätmuster des Tuchs vier verkohlte Punkte zu erkennen, die ein L bilden. Diese Brandlöcher, die durch Weihrauch verursacht wurden (entweder weil ein Räuchergefäß versehentlich umgekippt ist oder weil das Tuch absichtlich mit der auf den Osterkerzen für *lux* stehenden Initiale gekennzeichnet werden sollte), sind heute noch genauso deutlich zu sehen wie im Jahr 1150. Diejenigen, die sich immer noch an die Datierung mit C 14 klammern (zwischen 1260 und 1390), haben damit den offiziellen Beweis, daß das Grabtuch schon über hundert Jahre, bevor es gewebt wurde, existierte.

Die weiteren historischen Zeugnisse, allesamt vor

dem zwölften Jahrhundert, sind zahlreich, aber weniger vertrauenswürdig. Von den vier kanonisierten Evangelien ausgeklammert, erwähnen die Apokryphen (Petrus, Nicodemus, Thomas, Evangelium der Hebräer) das Grabtuch, das Joseph von Arimathia leer im Grab vorfand und das die Apostel – einigen Exegeten zufolge – im Tal von Qumran verstecken wollten. Dann, im Jahr 131, soll in Edessa – dem heutigen Urfa, in der Türkei – ein Gewebe gesichtet worden sein, das »den Abdruck des Leibes Christi« trug. Die Stadt entwickelt sich zu einem wichtigen Pilgerzentrum des christlichen Orients. Doch im Zuge mehrerer Invasionen wird das Tuch versteckt, seine Spur verliert sich, und es taucht erst beim Wiederaufbau Edessas nach den verheerenden Überschwemmungen im Jahr 525 erneut auf. Zu dieser Zeit ändert sich die Ikonographie des Messias äußerst drastisch: Jesus, der bis dahin entweder als griechischer Gott mit blonden Locken oder als pummeliger Cherubim abgebildet worden war, wird nun als bärtiger Semit dargestellt, der Professor Paul Vignon zufolge zwanzig Parallelen mit dem auf dem Grabtuch dargestellten Bildnis aufweist, wodurch, so der Professor, bewiesen wäre, daß das Grabtuch Künstler inspiriert hat.[7]

Immer wenn dieses Bildnis in Texten erwähnt wird, ist von »Mandylion« die Rede, was auf griechisch Tuch bedeutet. Erst im siebten Jahrhundert erläutert ein gewisser Smira, der Leibarzt des Kaisers, daß das Mandylion kein Bild ist, sondern »ein Tuch, welches nicht nur den Abdruck vom Antlitz Christi, sondern von dessen gesamtem Körper« trägt. Dank dieser Information erschließt sich uns übrigens auch, was der ägyptische Historiker Theophylactus meint, wenn er über einen Feldzug gegen die Perser (587–590) schreibt: »Das Mandylion wurde auseinandergefaltet und in seiner Gänze den Soldaten gezeigt, damit sie wieder Mut faßten.«

Der Engländer Ian Wilson[8] versuchte als erster darzulegen, daß dieses Mandylion nichts anderes als das Grabtuch war, das zunächst einmal und dann noch zwei weitere Male gefaltet wurde, bis es in eine Schatulle paßte und nur noch das Gesicht darauf zu sehen war – eine These, die immer noch auf Widerstand stößt, obwohl alle Indizien sie stützen. Das Gesicht auf dem Mandylion, das auf den Münzen Justinians II. (685–711) abgebildet wurde, stimmt genau mit demjenigen auf dem Grabtuch überein.

Dennoch, das muß leider gesagt werden, waren die wissenschaftlichen Untersuchungsmethoden damals ziemlich beschränkt, und so hindert uns nichts daran zu glauben, das Mandylion sei eine schlichte Kopie des Grabtuchs gewesen. Nichtsdestoweniger zeigte sich 2002 bei Restaurierungsarbeiten am Turiner Grabtuch, daß dieses vor langer Zeit gefaltet wurde, so daß nur das Gesicht des Gemarterten sichtbar war.[9] Zu einem bestimmten Zeitpunkt seiner Existenz stimmte das Grabtuch also mit den Beschreibungen des Mandylions in diversen Dokumenten überein.

Sollten die Apostel das Grabtuch aus dem Grab Jesu entwendet haben, um es künftig als Reliquie zu verwenden, so mußten sie ihre Absicht verschleiern, da das jüdische Gesetz den Kult eines Objekts untersagte, das mit einem Toten in Berührung gekommen war. Sie hätten Jerusalem also mit dem zu einem Rechteck zusammengefalteten Tuch verlassen, auf dem nur die Andeutung eines Gesichts zu sehen war, welches sie als Malerei ausgaben. Demnach wären sie die ersten Fälscher des Grabtuchs – aber unter umgekehrten Vorzeichen.

Im Jahr 639 bemächtigen sich die Araber Edessas. Obwohl sie die christliche Religion nicht gutheißen, bewilligen sie den Kult des Antlitzes Christi, denn Jesus ist für sie mehr als nur ein Prophet (»Messias, Sohn der Maria, Gesandter Gottes und Seines Wortes«, betont der Koran in der vierten Sure). Der wachsende Ruhm der Reliquie dringt bis nach Konstantinopel durch, wo etliche Kaiser nacheinander versuchen werden, in den Besitz dieses »einzig wahren Bildes von Jesus« zu kommen, der ihre Macht auf herausragende Weise legitimieren würde. 944 gelingt das Vorhaben schließlich, mit Gewalt.

Unter den Dokumenten, die die Ankunft des Mandylion in Konstantinopel bezeugen, ist eine Illustration des Skylitzes-Kodex,[10] der in der Bibliothek von Madrid aufbewahrt wird. Darauf zeigt ein Gesandter Kaiser Konstantin ein gefaltetes Tuch, auf dem sich das Porträt eines Bärtigen abzeichnet. Dieser Gesandte ist Bischof Gregor, und ihm ist es zu verdanken, daß die berühmte Reliquie nach Edessa gebracht wurde. Er hat uns auch die erste richtige »Expertise« hinterlassen, nämlich in einer erst kürzlich im Vatikan wiederaufgefundenen Homelie, in der der Bischof kundtut, dieses Tuch sei »einzig von den Schweißtropfen getränkt, die in der Stunde des Todes vom Antlitz unseres Herrn Jesus Christus wie Rinnsal aus Blut und durch Gottes Wirken geflossen. Sie sind es, die das wahre Gesicht Christi gefärbt haben. Und seit sie geflossen, wurde der Abdruck durch die Tropfen aus seiner Seite noch verschönert.«[11]

Selbst wenn der Bischof des zehnten Jahrhunderts nicht über unsere technischen Möglichkeiten verfügt, kommt seinem Text zumindest das Verdienst zu, zum erstenmal die Wunden zu erwähnen, vor allem die durch die Lanze zugefügte an der Seite.

Die Reliquie bleibt das Herzstück des Kronschatzes der Kaiser von Konstantinopel – bis 1204. Da verschwindet sie nämlich im Zuge der schrecklichen Plünderung der Stadt durch die Kreuzritter, durch Christen aus dem Okzident, die von blindem Haß und Eifersucht auf diese orientalischen Christen erfüllt sind, die in unvorstellbarem Luxus leben, während sie selbst in bröckelnden Burgen hausen, die über armseligen Marktflecken thronen.

Wer von ihnen bemächtigte sich des von Bischof Gregor beschriebenen Grabtuchs? Einige Historiker behaupten, es sei in die Hände der Herzöge von Athen geraten. Andere, wie Ian Wilson, meinen, die Templer, die auch diesen vierten Kreuzzug finanziert hatten, hätten es an sich genommen und bewahrten es nun heimlich in ihrer Schatzkammer in Akkon auf. Nach der Einnahme dieser Festung wird der Schatz nach Sidon gesandt, dann nach Zypern.

1306 bringt es der Großmeister des Ordens, Jacques de Molay, nach Frankreich. Es geht das Gerücht um, die Templer beteten »ein geheimnisvolles bärtiges Haupt« an, »ein Götzenbild mit rötlichem Bart, das sie ihren Heiland nennen«. Dies dient schließlich Philipp dem Schönen, der neidisch ist auf ihre Macht und ihren Reichtum, als Vorwand, sie am 13. Oktober des darauffolgenden Jahres im Rahmen einer beeindruckenden Razzia im gesamten Königreich festnehmen zu lassen. In den Archiven finden sich etliche Protokolle von Verhören, bei denen die Inquistion versuchte, den Templern das Geheimnis dieses von ihnen verehrten »Hauptes« zu entlocken. »Ich habe es bei sieben Bruderschaften gesehen«, gesteht etwa Bruder Raoul de Gizy unter der Folter. »Es wurde herumgezeigt, und alle warfen sich zu Boden, setzten die Kapuze auf und beteten es an.«

Jedenfalls ging das Tuch während der Zeit, in der es den Dokumenten zufolge in Lirey war, 1357 in den »Besitz« Geoffroy de Charnys über, eines ehemaligen Kreuzritters. Wie hat er das bewerkstelligt? Zwei widersprüchliche Hypothesen sind dazu heute im Umlauf: Entweder hat er es durch eine Erbschaft erhalten (seine Frau Jeanne war mit den Herzögen von Athen verwandt), oder er hat es von einem Beinahe-Namensvetter bekommen, der sein Onkel gewesen sein soll (damals gab es noch keine einheitliche Schreibung der Familiennamen): dem Templer Geoffroy de Charnay, der auf Geheiß Philipps des Schönen zusammen mit Jacques de Molay verbrannt wurde, nachdem er zuvor die Leiden Christi hatte erdulden müssen.

Der englische Historiker Noël Currer-Brigs erklärt, der Heilige Gral, den man sich gemeinhin als Gefäß mit dem Blut Christi darin vorstellt, sei in Wirklichkeit eine Schatulle gewesen: diejenige mit dem Grabtuch. Zur Unterstützung seiner Theorie ruft er uns ins Gedächtnis, daß in mehreren Erzählungen der Gralsgeschichte, darunter in Wolfram von Eschenbachs *Parzival*, die Templer ausdrücklich als Hüter des Blutes Christi bezeichnet werden.

1944 bricht bei einem Bombardement die Decke eines Hauses im englischen Templecombe, Somerset, ein. Unter den Trümmern kommt der Deckel einer alten Schatulle zum Vorschein, den das Porträt eines bärtigen Mannes ziert, der bis in alle Einzelheiten den byzantinischen Kopien des Mandylion gleicht. Dieser Deckel, der mittels C 14 zwischen 1298 und 1310 datiert wird, gehörte aller Wahrscheinlichkeit nach den Templern, die 1185 in Templecombe die bedeutendste ihrer normannischen Kommandanturen gegründet hatten, eine jener Ausbildungsstätten also, in der die neuen Mitglieder auf ihren Einsatz im Mittleren Osten vorbereitet wurden. Ihr Anführer in der Normandie war damals Geoffroy de Charnay.

Dieses Gemälde, das heute in der Kirche des englischen Dorfs zu sehen ist, ist ein ernstzunehmendes Indiz, führte aber dennoch seit 1988 in esoterischen Kreisen zu der Spekulation, auf dem Porträt von Templecombe und dem Grabtuch von Turin sei ein und derselbe Mann abgebildet: Jacques de Molay, der Templer, den Philipp der Schöne verbrennen ließ, nachdem er ihn den Folterqualen des Messias ausgesetzt hatte. Allerdings starb Jacques de Molay im Alter von siebzig Jahren, während das Bild auf dem Grabtuch einen Mann in den Dreißigern darstellt, und so zappen wir diese Hypothese rasch weg – sie verdient nicht mehr Tinte als die Theorie einiger fundamentalistischer Katholiken, die in der Datierung von 1988 ein freimaurerisches Komplott witterten, das die Ersetzung Christi durch den Großmeister des Templerordens zum Ziel habe.

Kehren wir lieber in die Champagne zurück, wo Geoffroy de Charny 1357 auf seinem Lehensgebiet eine Stiftskirche erbaute, um den Pilgern seine heilige Reliquie präsentieren zu können. Dort zeigt sich zum erstenmal die feindselige Haltung der katholischen Geistlichkeit zum Grabtuch, eine Einstellung, der wir noch sehr häufig begegnen werden.[12]

Pierre d'Arcis, der Bischof von Troyes, eröffnet den Krieg gegen das Laken, indem er ein unabänderliches Argument anführt: Jesus hat sein Bildnis nicht auf dem Grabtuch zurückgelassen, da die Evangelien nicht davon sprechen. In einem Memorandum, das er 1389 an Papst Clemens VII. richtet, behauptet der Bischof, das Gesicht auf dem angeblichen Tuch der Passion Christi sei nur aufgemalt. Besser noch: Er erklärt, sein Vorgänger, Monsignor Henri de Poitiers, habe den Fälscher aus der Champagne enttarnt und ihn zu einem Geständnis gezwungen – ohne jedoch seinen Namen oder seine Vorgehensweise zu enthüllen: Beichtgeheimnis.

Diese Argumentation ist so dünn, daß der Papst in einer Reihe von Bullen, die in den Archiven des Département Aube aufbewahrt werden, die Klage seines Bischofs zurückweist, ihn zu »ewigem Schweigen« verdammt und die religiöse Verehrung des Grabtuchs gestattet, vorausgesetzt, es wird den Pilgern behutsam wie »eine Erscheinung oder Darstellung der Passion« gezeigt.

Einige Autoren bringen dem Bischof auch heute noch blindes Vertrauen entgegen, so etwa Henri Broch, der durch die Medien bekannt gewordene »Entzauberer«.[13] Sein einziges Argument ist, daß die Witwe Geoffroy de Charnys sich erneut vermählte, und zwar mit einem Onkel des Papstes. Das mag schon sein. Doch wenn wir tatsächlich Günstlingswirtschaft in Erwägung ziehen, so haben wir noch keine Erklärung dafür, wie ein unbekannter Fälscher ohne Farbe eine Reliquie bemalen konnte, die bereits ein Jahrhundert zuvor existierte, wie es ja der Codex Pray beweist. Es sei denn, das Grabtuch von heute mit den Eigenschaften, die wir an ihm kennen, ist nicht dasjenige von 1357. Ich werde später auf diese Hypothese zurückkommen, die bizarrerweise noch von niemandem aufgestellt wurde.

Sobald es Lirey erreicht hat, läßt sich der Weg des Tuchs, da sind sich alle Historiker einig, eindeutig nachzeichnen. Eine Frau ist es, die sein Schicksal durcheinanderbringt, eine Frau, die durch ihre Chuzpe oder auch ihre Habgier die Biografen wohl auf ewig entzweien wird: Marguerite de Charny. Die Enkelin Geoffroys hat keine Kinder und kein Vermögen, und zu ihrer Verwandtschaft hat sie kein Vertrauen. Wohin also mit der Reliquie? Wer wäre in der Lage, sie sicher aufzubewahren? 1443, als die Holzkirche einzustürzen droht, packt sie die Reliquie unter den Arm und zieht wahllos von einem Ort zum andern, von Chimay nach Lüttich, von Mâcon nach Genf, stets auf der Suche nach einem passenden Käufer. Zuerst dachte sie an die Habsburger, die sich nicht sehr interessiert zeigen, da das einzige »Echtheitszertifikat«, das sie vorweisen kann, die päpstliche Bulle ihres Großcousins ist. Außerdem erklärt sich der Bischof von Lüttich solidarisch mit dem Bischof von Troyes: Dieses Grabtuch, so sagt er, sei nichts als ein bemaltes Stück Stoff. Unterdessen setzt Marguerite, bereits in fortgeschrittenem Alter, doch nach wie vor voller Tatendrang, ihre Rundreise von Stadt zu Stadt fort. Ihr Ziel ist das Haus Savoyen.

Die Kanoniker von Lirey, deren Familien Marguerite das Grabtuch anvertraut hatte und die darin ihren Besitz sehen, hängen ihr in der Zwischenzeit etliche Prozesse an, weil sie »ihr Gut« wiederhaben wollen. Dieser juristisch-kirchliche Fortsetzungsroman endet 1453, als der mächtige Ludwig von Savoyen einwilligt, als Beschützer des Grabtuchs, das Marguerite ihm überläßt, aufzutreten. Zwischen den beiden Parteien wird eine Vereinbarung geschlossen, die jedoch die Reliquie unerwähnt läßt: Marguerite erhält »für ihre Dienste« ein Schloß. Die armen Kanoniker wiederum, deren Klage abgewiesen wurde, erhalten fünfzig Francs in Gold vom

Hause Savoyen, damit sie den Mund halten. Sie rächen sich, indem sie Marguerite exkommunizieren.

Für das Grabtuch brachen unruhige Zeiten an. Der Herzog und sein Hofstaat besaßen keine feste Residenz und zogen ständig von Schloß zu Schloß – das Grabtuch stets im Handgepäck. Die religiöse Verehrung, die man ihm damals entgegenbrachte, war eine höchst private. Vor allem die Frauen pflegten eine ganz besondere Form der Hingabe, galt die Reliquie doch zugleich als Stimulans für die Fruchtbarkeit, aber auch, dem Historiker Guichenon zufolge, als »ein Schutz vor allen Arten von Unglücksfällen«.[14]

Die Mitglieder der Geistlichkeit von Chambéry sahen es verständlicherweise nicht sehr gern, daß das Tuch dergestalt von Ort zu Ort geschleift wurde. Sie überredeten schließlich Herzogin Claude, die Witwe Philipps II., es in ihrer Sainte-Chapelle in Sicherheit zu bringen. Dort wäre es 1532 beinahe verbrannt – die Protestanten sollen das Feuer gelegt haben.

Das Tuch war von den Tropfen des geschmolzenen silbernen Reliquienbehälters durchlöchert worden, die Klarissinnen flickten es, dann wurde es nach Nizza geschmuggelt, um es vor den französischen Truppen in Sicherheit zu bringen, die sich anschickten, in Savoyen einzufallen. Als Nizza seinerseits bedroht wird, transferiert man das Grabtuch nach Verceil. Doch die Truppen des Marschalls de Brissac bringen auch diese Stadt in ihre Gewalt und plündern sie. Da der Kanoniker, der für seinen Schutz verantwortlich ist, nicht mehr weiß, wo er es verstecken soll, stopft er sich den vier Meter sechsunddreißig langen, zusammenschnürten Stoff unter die Soutane. Und so, in den größten Schatz der Christenheit gehüllt, empfängt er schließlich den Marschall zum Abendessen.

Die französischen Offiziere veranstalten ein riesiges Gelage, leeren den Keller und halten die gefältelte Leibesfülle des Klerikers für das fleischgewordene Symbol seiner Sünden. So gelangt das Tuch wohlbehalten nach Chambéry, von wo aus es 1578 nach Turin geschafft wird, das Herzog Emmanuel Philibert von Savoyen zur neuen Hauptstadt erkoren hat.

Ab da wird es regelmäßig zur Schau gestellt, immer am 4. Mai, und hartnäckig versuchen die verschiedenen Päpste die Herzöge von Savoyen zu überreden, der Kirche ihre heilige Reliquie zurückzugeben; eine mühselige Aufgabe, die sich noch schwieriger gestaltet, seit das Haus Savoyen die Könige Italiens stellt.

Als der Zweite Weltkrieg droht, bringt Viktor Emmanuel III. das Grabtuch im Zug bis nach Montevergine, um es an einem geheimen Ort in den Bergen oberhalb Neapels zu verstecken. Dort bleibt es sieben Jahre und entgeht nur um ein Haar der Verfolgung durch Hitler, der Suchtrupps danach ausgeschickt hatte.

Nachdem das Volk sich per Referendum für die Republik ausgesprochen hat, dankt Umberto II. ab, der Italien vom 9. Mai bis 2. Juni 1946 regiert hatte. Um die Spannungen unter den Parteigängern der Monarchie zu glätten, entschließt er sich, ins Exil zu gehen, und die neuen Machthaber profitieren davon und schnappen sich seine privaten wie öffentlichen Besitztümer. Nur ein einziges wird nicht konfisziert: das Grabtuch. Die Anwälte hatten dahingehend argumentiert, daß die Reliquie niemals einem rechtmäßigen Besitzer zugesprochen worden sei und in keinem einzigen Dokument erwähnt werde. Daher könne sie nicht einem Besitz zugeordnet werden und sei folglich auch nicht pfändbar.

Am 27. März 1981 vermacht der letzte König Italiens, der, wie es ein christdemokratischer Minister höchst feinfühlig ausdrückte, »nichts mehr anzuziehen hatte außer seinem Leintuch«, ebendieses dem Heiligen Stuhl, aus juristischer Sicht also der moralischen Person des Papstes.

Umbertos Tochter, Prinzessin Maria Gabriella von Savoyen, hat mir die surreale Szene beschrieben, als seine Familie sich feierlich versammelte, um die Reliquie dem Legatar zu übergeben. Vor dem Halbdutzend gekrönter Häupter, das um ihn herumstand, nahm Johannes Paul II. das Tuch in Empfang und dankte der königlichen Gesandtschaft folgendermaßen: »Ich habe nicht die Mittel, Sie so zu entlohnen, wie Sie es verdienen, doch ich werde für Sie beten.«

Und dann, nachdem seine Vorgänger fünf Jahrhunderte lang Druck auf das Haus Savoyen ausgeübt hatten, schenkte der Pontifex maximus als Gegenleistung für das Grabtuch Christi jedem einen Rosenkranz.

Das zweite Puzzleteil ist das Schweißtuch von Oviedo, im Besitz der spanischen Kirche. Mittels C 14 wurde das Gewebe auf einen Zeitraum zwischen 679 und 710 n. Chr. datiert.[15] Doch auf eine Bekanntgabe des Resultats verzichtete man lieber. San Braulio berichtet in seinen auf 620 n. Chr. datierten Briefen, die Reliquie habe das von den Persern eingenommene Jerusalem verlassen und sei in einer Zederntruhe, der *Arca santa*, nach Sevilla gebracht worden – in jener Truhe also, in der es die Apostel nach Jesu Tod aufbewahrt haben sollen. Nach einer neuerlichen Bedrohung durch muslimische Eroberer gelangte das Tuch 812 nach Oviedo, wo es auch blieb, wie die diversen aufeinanderfolgenden Inventarien bezeugen, in denen es Erwähnung findet.

Es handelt sich um ein Stück Leinenstoff mit Blutflecken, das dreiundachtzig mal dreiundfünfzig Zentimeter mißt und 1934 beinahe von einer Bombe zerrissen worden wäre. Das Gewebe weist die gleiche Struktur auf wie das Grabtuch von Turin, und die Dicke der Fasern ist identisch, ebenso die Drehung des Webmusters in Form eines Z. Der Überlieferung zufolge soll dieses große Taschentuch bei der Kreuzabnahme

Jesu verwendet worden sein. Internationale Spezialisten haben die Blutflecken darauf untersucht. Zu ihrer Überraschung, vertraute mir Maria Gabriella von Savoyen an, hätten sie auch eine völlig unerwartete Substanz darauf entdeckt: Lippenstift. Aller Wahrscheinlichkeit nach stammt er von der Gattin General Francos, der einzigen Person, die außer den Wissenschaftlern mit der Reliquie allein sein durfte.

Abgesehen von jenen Kußspuren sind die Züge des in das Schweißtuch »getauchten« Gesichts mit denen auf dem Grabtuch identisch: Die Nase mißt acht Zentimeter und weist einen zertrümmerten Knorpel auf, der Bart läuft in zwei Spitzen aus. Legt man die beiden Tücher aufeinander, stimmen siebzig Blutflecken überein. Auch die Blutgruppe ist auf beiden Stoffen dieselbe: AB, wie Doktor Villalaín vom Gerichtsmedizinischen Institut in Valencia festgestellt hat. Was den Vergleich des Genmaterials angeht, schrieb sein Turiner Kollege Baima Bollone im Jahr 2000: »Bei der Suche nach Polymorphismen der DNA zeigten sich, zumindest bis heute, keine Unterschiede.« Mit Polymorphismen sind die Abweichungen der in der Gerichtsmedizin zur Identifizierung von Personen verwendeten Markergene gemeint.[16]

Doch lassen wir uns nicht täuschen: Das ist noch kein schlüssiger Beweis dafür, daß beide Tücher mit dem Blut ein und desselben Individuums getränkt sind. Dafür bescheinigt Professor Avinoam Danin von der

Hebräischen Universität Jerusalem, daß die Pollen und Pflanzen, die auf den beiden Reliquien gefunden wurden, aus derselben Gegend stammen, einige sogar aus einem Zeitraum vor dem achten Jahrhundert. »Diese Ansammlung von Blumen findet sich nur in einer einzigen Region weltweit, nämlich in Jerusalem«, erklärte er 1999 beim internationalen Botanik-Kongreß von Saint-Louis, Missouri. In bezug auf die Pollen, die auf dem Schweißtuch von Oviedo gefunden wurden, fügte er hinzu: »Es ist unmöglich, daß Tücher mit identischen Blutflecken derselben Blutgruppe und mit denselben Pollen darauf nicht aus ein und derselben Zeit stammen und ein und denselben Körper bedeckt haben.«[17]

Es sei außerdem in Erinnerung gerufen, daß Professor André Marion einen Computervergleich zwischen den Wunden durchführte, die auf dem Turiner Grabtuch und auf der Tunika von Argenteuil zu sehen sind. Seine Schlußfolgerungen decken sich mit denen von Professor Danin. Sofern sie exakt sind, sofern die DNA keine falschen Tatsachen vorspiegelt und das C 14, wie die Anhänger der Radiokarbondatierung behaupten, ein unfehlbarer Zeitmesser ist, hat ein und dasselbe Individuum vor dem achten Jahrhundert in der Umgebung von Jerusalem ein Grabtuch aus dem vierzehnten, ein Schweißtuch aus dem achten und eine Tunika aus dem siebten Jahrhundert mit seinem Blut getränkt.

Doch fahren wir fort mit unserer Schnitzeljagd – um beim Bild von Pater François Brune zu bleiben, der Gott selbst als Urheber »dieses abgesteckten Parcours« sah, »damit uns zu gegebener Zeit unsere Wissenschaft dabei helfe, über den Szientismus selbst zu triumphieren«.[18]

Die heilige Tunika, heute im Besitz der Stadt Argenteuil, wird seit zwölf Jahrhunderten in dieser Gemeinde in der Nähe von Paris aufbewahrt. Es handelt sich um ein Kleidungsstück aus bräunlicher Wolle ohne Nähte, das Jesus der Überlieferung zufolge nach der Geißelung trug, während des gesamten Kreuzwegs. In ihrem derzeitigen Zustand ist die Tunika unvollständig und weist zahlreiche Löcher auf. Das größte Stück mißt etwas weniger als einen Meter vom Halsausschnitt bis zum rückwärtigen Saum, die Ärmel sind keine zehn Zentimeter lang.[19]

Der erste Text, in dem die Tunika erwähnt wird, ist das Evangelium nach Johannes: »Als aber die Soldaten Jesus gekreuzigt hatten, nahmen sie seine Kleider und machten vier Teile, für jeden Soldaten einen, dazu auch das Gewand. Das war aber ungenäht, von oben an gewebt in einem Stück. Da sprachen sie untereinander: Lasset uns das nicht zerteilen, sondern darum losen, wem es gehören soll.«

Danach folgt ein fünf Jahrhunderte andauerndes Schweigen, bis Gregor von Tours berichtet, die Tunika existiere noch und befinde sich nun in einer hölzernen Truhe in der Nähe von Konstantinopel. Der Chronist Fredegarius dagegen behauptet, sie in Jaffa gesehen zu haben, von wo aus sie Bischöfe feierlich nach Jerusalem geleitet hätten.

Im Jahr 800 soll Kaiserin Irene von Konstantinopel sie ihrem Bräutigam, Karl dem Großen, als Geschenk versprochen haben, der sie wiederum an seine Tochter Theodrada weiterschenkte, Äbtissin des Benediktinerklosters in Argenteuil. Nach dem Tod Karls des Großen im Jahr 814 wurde dort jeden Monat ein Gottesdienst für ihn abgehalten, »zum Gedenken an die Wohltaten, mit denen er das Kloster bereichert hat, und vor allem für die Tunika unseres Herrn Jesus Christus«, wie ein altes Martyrologium von Argenteuil betont.

850 wird das Kloster von Wikingern angegriffen. Die Nonnen fliehen, einigen Historikern zufolge nehmen sie die Reliquie mit, nach Meinung anderer mauern sie sie ein. 1003 wird die Abtei rekonstruiert, doch erst 1129 wird auch die Tunika wieder erwähnt. Die letzte Priorin der Abtei war die berühmte Heloïse, doch nach der Beendigung ihrer unglücklichen Liebschaft zu Abélard galt die Regel des heiligen Benedikt als verletzt, und Benediktiner nahmen die Stelle der Benediktinerinnen ein. Wenn die päpstliche Bulle recht hat, waren es jene Benediktiner, die die Tunika wiederfanden. Deren Verehrung nahm im Lauf der Jahrhunderte so sehr

zu, daß François I. 1544 Argenteuil ermächtigte, sich mit Stadtwällen zu umgeben, um die Abtei und ihre kostbare Reliquie besser schützen zu können. Die hochrangigsten Persönlichkeiten wurden dort vorstellig, von Heinrich III. bis Ludwig XIII., von Maria von Medici bis Anna von Österreich, und nicht zu vergessen: Kardinal Richelieu.

Doch in der Revolutionszeit widerfuhr der berühmten Tunika ein eigenartiges Schicksal. Da alle Besitztümer des Klosters beschlagnahmt werden sollten, kam ein Geistlicher, der die Tunika in seine Pfarrkirche gebracht hatte, auf eine ziemlich abgefahrene Idee, um sie vor den Revoluzzern zu schützen: Er schnitt sie in einzelne Stücke, verteilte sie an verschiedene »vertrauenswürdige Personen« und vergrub den Rest in seinem Garten. Als er 1793 aus dem Gefängnis entlassen wurde, grub er sein Stück Stoff rasch wieder aus und machte dann einen Rundgang zu besagten Vertrauensträgern, um die abgeschnittenen Teile wieder einzusammeln. Wie man sich vorstellen kann, erschienen einige nicht zum Appell.

2004 hat man zwei Teile wiedergefunden, mit Hilfe der optischen Analysemethoden von André Marion und den Untersuchungen von Sophie Desrosiers, einer Spezialistin für historische Textilien und Gewebe, konnte ihre Authentizität festgestellt werden. Die beiden Fragmente werden in der Abtei von Longpont-sur-Orge aufbewahrt, doch da man dort einem anderen Bistum angehört, hegt man keinerlei Absichten, sie zur Komplettierung der Tunika zurückzugeben. Überhaupt hat sich seither jeder an dieser Tunika bedient. Denken wir nur an Papst Pius IX., der sich 1854 ein weiteres Stück davon abschneiden ließ, um seine Wohnung im Vatikan damit auszuschmücken (und zum Ausgleich eine geweihte Kerze stiftete), oder an jene Einbrecher vom Dezember 1983, die sie stahlen und dann zwei Monate später wieder zurückgaben, unter der Bedingung, daß sie der Öffentlichkeit häufiger gezeigt werde, bis hin zu jener unglaublichen »Ausleihe« vom Frühjahr 2004, als ein Unterpräfekt, ein Stellvertretender Bürgermeister, ein leitender Angestellter der Staatlichen Denkmalpflege, eine Expertin für historische Textilien, zwei Spezialisten für die Radiokarbonmethode und ein Pfarrer sie des Nachts heimlich in die Wohnung des Unterpräfekten brachten, um ganz gewissenhaft weitere Teile zu entfernen.[20] Man könnte meinen, wir seien hier in einem meiner Romane, doch ich phantasiere nicht: Sieben Monate später brüsten sich die Protagonisten mit ihrer nächtlichen Aktion auch noch in der Presse (*Le Parisien* vom 7. und 8. Dezember 2004, *L'Écho régional* und *La Gazette du Val-d'Oise* vom 8. Dezember).

Doch der Reihe nach. Unterpräfekt Jean-Pierre Maurice, ein glühender Anhänger der Tunika, soll also in der Nacht vom 6. Mai 2004 den als historische Sehenswürdigkeit eingestuften Gegenstand in seinem Privatwagen zu seiner Wohnung transportiert haben, wo die Amputation durchgeführt wurde, damit, so verteidigen sich die Verantwortlichen, »keine Emotionen hochkochen« (*Le Parisien*), »die Wissenschaftler keinen Druck ausüben« (*L'Écho régional*) und »sie in Ruhe arbeiten können« (*La Gazette*).

Was für Emotionen? Was für ein Druck? Die Tunika von Argenteuil, so scheint mir, war allen ziemlich wurst. Wer weiß überhaupt, daß es sie gibt? Siebzig Jahre lang hat die kommunistische Stadtregierung nichts dafür getan, um sie dem Vergessen zu entreißen, das war die übliche antiklerikale Kampfhaltung, und daher ist die Absicht der von der konservativen UMP angeführten Stadtregierung zu begrüßen, die Tunika wieder ins rechte Licht zu rücken – die Absicht, wohlgemerkt, nicht die Art und Weise. Wenn man nämlich derartige Möchtegern-Wissenschaftler etwas von »in Ruhe arbeiten« faseln hört, kommen einem doch gewisse Zweifel. Ist bei einem wissenschaftlichen Datierungsversuch die »Ruhe« ein wichtigeres Kriterium als der Schutz vor Umwelteinflüssen? Gingen die Zuträger des 6. Mai mit bloßen Händen zu Werke? Wurde die Tunika, um sie vor den Blicken der Neugierigen zu bewahren, womöglich in die Hundedecke gewickelt?

Man würde es begrüßen, fände man in dem Fachbericht zur Datierung die Widerlegung dieser Hypothesen, die sicherlich unberechtigt sind, die man aber dennoch zu formulieren gezwungen ist, da alles klammheimlich vor sich gegangen ist. Beruft man sich auf den bissigen Bericht des ökumenischen und wissenschaftlichen Komitees der Tunika von Argenteuil, deren Mitglieder ebenfalls erst aus der Presse von diesen Vorgängen erfuhren, so haben sich die Gäste in der Nacht voneinander verabschiedet, um jeder mit seinem Teil der Reliquie wie mit einem Doggy-Bag zu verschwinden, einer nach Gif-sur-Yvette, um den Karbontest durchzuführen, der andere in sein Labor zur Untersuchung denkmalgeschützter Objekte unter dem Mikroskop, ein dritter zu seinem Safe – wer weiß? Was die römischen Soldaten nicht zu tun wagten, nämlich das Tuch unter sich aufzuteilen, führte nun, an jenem Abend im Mai, ein Kleeblatt aus Erwählten, leitenden Beamten und kompetenten Wissenschaftlern »in aller Ruhe« durch.

Und wo bleibt bei alldem die Legalität? Im Verzeichnis der historischen Sehenswürdigkeiten wird der als »Heilige Tunika« bezeichnete Gegenstand seit 1979 geführt. Er gehört der Gemeinde: Hätte die Radiokarbondatierung durch ein Labor nicht eine öffentliche Ausschreibung verdient und nach einem Spendenaufruf von der Allgemeinheit bezahlt werden dürfen? Aus den erwähnten emotionalen Beweggründen heraus bestand das Bürgermeisteramt darauf, »diese Arbeiten geheimzuhalten«, und verzichtete demnach auf derlei Formalitäten.

Dennoch könnte man durchaus zu Recht vermuten, die Geschichte sei durch bewußt gestreute böswillige Gerüchte oder Übertreibungen der Presse hochgespielt worden. Als schließlich unter Pseudonym ein Buch des Unterpräfekten Jean-Pierre Maurice erschien,[21] der mittlerweile in Vichy kandidiert, hätten die Dinge daher eigentlich wieder ins Lot kommen müssen. Zunächst stellte sich dabei heraus, daß im Unterschied zu dem, was in den Zeitungen stand, die Reliquie nicht im Mai, sondern bereits sieben Monate vorher »entliehen« wurde. Der One-Night-Stand mutiert zu drei Tagen Sommerfrische im Haus des Unterpräfekten, der im übrigen einen Hang zur Gefühlsseligkeit beim Schreiben nicht verbergen kann.

Und so ließ sich Monsieur Maurice am Abend des 12. Oktober, einem Sonntag, zur Stunde, zu der andere sich eine Pizza bestellen, die Heilige Tunika ins Haus liefern, um eine Nacht mit ihr zu verbringen. Sie lag im Nebenzimmer, betont er, doch er wachte mehrmals auf, lächelte und dachte bei sich: »Alles wird gut.«

Am nächsten Morgen geben sich dann die Experten die Klinke in die Hand, und die Festivitäten dauern noch bis Mittwoch abend an, erzählt er uns in aller Unschuld und mit einer Begeisterung, die ansteckend wirkt. Wie schon, wenn man seine Wunsche derart zum Wohl der Wissenschaft ausleben kann! Man kann sich genau vorstellen, wie sich der Bürgermeister von Paris vor Eifersucht verzehrt, weil er die Mona Lisa nicht übers Wochenende ausleihen und ein Stück herausschneiden kann, um festzustellen, daß sie tatsächlich zur Zeit Leonardos gemalt wurde. Schwer zu verstehen, was ihn eigentlich zurückhält.

Monsieur Maurice dagegen ist ein durch und durch anständiger und zartfühlender Mensch. Sein ethisches Verantwortungsbewußtsein untersagt ihm, wie er berichtet, das Blut und die DNA seiner Reliquie zu untersuchen. An ihre Stichhaltigkeit glaubt er nicht, und das Vorgehen, sollte Jesus dieses Kleidungsstück tatsächlich getragen haben, schockiert ihn. Daß es sich um Blut handelt, bestreitet er ohnedies: Für ihn hat eine Oxydation der Farbe stattgefunden. Zehn Seiten später heißt es allerdings: »Bislang hat das Labor keine Spuren von Farbe gefunden.« Doch all das ist zweitrangig, nicht wahr? »Es werden möglicherweise Vorwürfe erhoben werden«, orakelt Jean-Pierre Maurice auf Seite 37. »Aber ich glaube nicht – und vielleicht bin ich da zu naiv –, daß man mir vorwerfen kann, ich hätte die Experimente in aller Neutralität und mit äußerster Sorgfalt durchgeführt.« O nein, das wird man Ihnen ganz gewiß nicht vorwerfen. Egal, ob es sich hier um einen Druckfehler handelt, um ein Problem mit der Syntax oder einen verräterischen Ausrutscher – ein derart aufrichtiges Bekenntnis ist geradezu rührend.

Kommen wir lieber zu den Ergebnissen dieses Polizeieinsatzes – das scheint mir die passende Bezeichnung, denn nur die für die Kulturgüter von historischem Interesse zuständige Präfektur hätte ein derartiges Vorgehen anordnen können, unter der Voraussetzung natürlich, daß die Reliquie *vor* der genannten Intervention gefährdet war, wobei sich mir eigentlich eher der Eindruck aufdrängt, sie sei just *durch* jenen Einsatz in Gefahr gebracht worden, aber egal.

Ich habe den Bericht Madame Sophie Desrosiers vom Mai 2004 vor mir liegen. Sie folgert, daß »die gefältelte Form des Stoffes nur durch eine starke Drehung des Kett- und des Schußfadens hervorgerufen werden konnte, welche bereits im Mittleren Orient zu Beginn unserer Zeitrechnung bekannt war, zum Beispiel in Masada zwischen der Mitte des ersten vorchristlichen und dem Ende des ersten Jahrhunderts n. Chr. [...] Das einzige Detail, das nicht ins Bild paßt, ist die Drehung der Gewebefäden, sowohl der Kett- als auch der Schußfäden, in Z-Form. [...] Dieses Charakteristikum, das ein fundiertes Wissen der Webkunst voraussetzt, widerspricht einer Datierung des Stoffes auf das erste Jahrhundert unserer Zeitrechnung sowie einer Festlegung auf Palästina als Ort seiner Herkunft. Das ist jedoch kein ausreichendes Argument, um diese Möglichkeit zu verwerfen, insofern, als in derselben Gegend auch Stoffe ohne diese Fältelung gefunden wurden, die aber dieselbe Drehung in Z-Form aufweisen. Die technischen

Kenntnisse waren also vorhanden, um einen der Tunika von Argenteuil ähnlichen Stoff zu weben.«

Mit anderen Worten: Die Reliquie könnte tatsächlich zu Jesu Lebzeiten entstanden sein. Die Radiokarbondatierung bestätigt dies jedoch nicht. Die Massenspektrometrie – sieben Monate nach der Entnahme der Stoffproben durchgeführt, da das Gerät, wie Monsieur Maurice beklagt, nicht gut funktionierte; ständig mußte es neu eingestellt und auf seine Verläßlichkeit hin überprüft werden – führt zu folgendem Ergebnis: »Betrachtet man den derzeitigen Zustand der zu analysierenden Proben und läßt man dabei außer acht, daß es während ihrer langen, turbulenten Existenz zu Verunreinigungen des Stoffes durch den Kontakt mit Karbon gekommen sein könnte, so ergibt sich, daß die beiden Teile der Tunika zwischen 530 und 650 n. Chr. entstanden sein müssen.« Dieser Bericht wurde vorab am 14. Dezember 2004 auf der Website des Bistums Val-d'Oise veröffentlicht.

Es ist müßig, sich eingehend mit den möglichen »Verunreinigungen des Stoffes« zu beschäftigen, wie sie die bewegte Geschichte der Tunika ohnehin nahelegt. Eine Datierung mittels C 14 (die darauf beruht, daß C 14 eine Halbwertszeit von 5730 Jahren hat) setzt eine Probe voraus, die mit keinem Karbonmolekül in Berührung gekommen ist und die jünger ist als das zu analysierende Gewebe – und das ist hier ganz offensichtlich nicht der Fall. Der Erfinder dieser Methode, Willard Libby, der den Nobelpreis für Chemie erhielt, wurde von Umberto von Savoyen, dem damaligen Besitzer der Reliquie, gebeten, diese mit Hilfe des C 14 zu datieren. Er bekam zur Antwort, seine Methode sei zwar ganz passabel, um das Alter von Holzstücken festzustellen, eigne sich aber nicht zur Datierung antiker Textilien.

Das hindert Monsieur Philippe Métézeau, Stellvertretender Bürgermeister von Argenteuil, der vom Unterpräfekten eingeladen war, bei der feierlichen Untersuchung mitzuwirken, nicht daran, für die Presse folgenden Kommentar abzugeben: »Die Gewißheit unseres Ergebnisses liegt bei 95 Prozent – damit bleiben noch 5 Prozent Marge für das Mysterium.« Großzügig. Und obwohl es ihm als Katholik ein wenig leid tut, daß die Tunika durch die Radiokarbondatierung eben doch nicht direkt mit Jesus in Verbindung gebracht werden kann, freut sich Monsieur Métézeau vor allem für seine Stadt: Nun ist der Beweis dafür geliefert, daß die städtische Reliquie von Karl dem Großen stammen könnte, und nicht etwa im sechzehnten Jahrhundert gefertigt wurde, wie einige seiner kommunistischen Vorgänger behauptet hatten, die gleich eine Analogie zum Grabtuch von Turin sahen, das 1988 dank C 14 zu einem mittelalterlichen Fund mutiert war.

Die »Tunika Christi« ist also, wenn man den Vertretern der republikanischen und religiösen Behörden in

Val-d'Oise Glauben schenken darf, eine Fälschung, die sich Karl der Große von Kaiserin Irene unterschieben ließ. Alle sind darüber glücklich, und die Kirche macht es sich zur lustvollen Pflicht, die Wissenschaftler, wie schon sechzehn Jahre zuvor, zu übertrumpfen und den Christen die schlechten Nachrichten als erste zu überbringen.

Turin – Argenteuil: ein und dieselbe Debatte?

»Das Grabtuch wurde soeben auf 1260 bis 1390 n. Chr. datiert«, verkündete am 13. Oktober 1988 Kardinal Ballestrero, der Erzbischof von Turin, bei einer Pressekonferenz und preschte damit den Wissenschaftlern voraus, die die Ergebnisse der Radiokarbondatierung erst fünf Monate später veröffentlichten.

Die Kirche, ganz eilfertig und auf Fairplay bedacht, beugte sich dem Verdikt der Wissenschaft. Jener Wissenschaft, die, vergessen wir das nicht, zehn Jahre bevor sie das leinene Tuch als mittelalterliches Produkt abstempelte, begonnen hatte, seine Authentizität anzuerkennen. Lassen wir noch einmal die Fakten Revue passieren.

Im Jahr 1978 beauftragte Johannes Paul I., der Papst, der nur dreiunddreißig Tage regieren sollte, in Absprache mit Umberto von Savoyen eine Gruppe amerikanischer und europäischer Wissenschaftler mit einer eingehenden Untersuchung des Grabtuchs. Es handelte sich um das sogenannte STURP (Shroud of Turin Research Project). Wenn das Grabtuch nicht zum Labor kommen kann, muß das Labor eben zum Grabtuch kommen: Sieben Tonnen wissenschaftlichen Materials wurden per Container nach Turin eingeflogen.

»In einer Woche harter Arbeit haben wir einen Ausstellungsraum in eine Forschungseinheit verwandelt«, erklärte der Physiker Luigi Gonella.

Die Entnahme von Pollen und eindeutig blutgetränkten Fasern, Fotografien aus allen möglichen Perspektiven, Untersuchungen unter Infrarotlicht und Ultraviolettlicht, eine Analyse des nicht mehr sichtbaren Antlitzes von Jesus durch optische Fasern (nach dem Brand von 1532 hatten die Klarissinnen Stoffflicken aufgenäht), das Absaugen des Staubs, der sich im Lauf der Jahrhunderte auf die Reliquie gelegt hatte – das auf diese Weise gesammelte Material wird zur Basis sämtlicher offizieller Untersuchungen in den darauffolgenden Jahren, die allesamt zu derselben Schlußfolgerung kommen: Ein gegeißelter Mann, mit einer Dornenkrone bekränzt, der gekreuzigt und an der Seite von einer Lanze durchbohrt wird, ganz wie es in den Evangelien steht, lag gut dreißig Stunden in diesem Tuch bestattet. Die Eigenschaften des Tuches sowie die Art der darauf gefundenen Pollen lassen eine Datierung auf das erste Jahrhundert unserer Zeitrechnung zu, außerdem die Lokalisierung in der Gegend von Jerusalem. Der blutige Abdruck wird von allen Studien bestätigt. Was die Oxydation von Cellulose angeht, die etliche Fasern an der Oberfläche betrifft, herrscht jedoch absolute Uneinigkeit.

»Wir wissen noch nicht, wie das Bildnis entstanden ist«, räumt Luigi Gonella ein. »Wir haben hundertzwanzig Stunden direkte Messungen durchgeführt und an die hunderttausend Stunden auf die Auswertung der Ergebnisse verwandt. Wir haben aber keine Ergebnisse. Alle Hypothesen, die wir aufgestellt haben, sind voller Widersprüche.«

Luigi Gonella, inzwischen ein lächelnder alter Herr von messerscharfer Intelligenz, ständig in den Rauch seiner Zigaretten gehüllt, ist eine der Schlüsselfiguren der Grabtuch-Affäre. Der schmächtige Bärtige – ein geschickter Drahtzieher, je nach den Umständen freundlich oder auch hinterhältig, von äußerster Vorsicht und einer ebenso entschieden wie flexibel gehandhabten Diplomatie, zwischen offen zur Schau getragenem Skeptizismus und selbstironischer Begeisterung für das Unerklärliche pendelnd – ist im Labor ebenso zu Hause wie auf den Fluren des Vatikans und stellt den Prototypen des Wissenschaftlers dar, der ganz im Sinne der kirchlichen Interessen zu handeln vermag.

1978 gehört die Reliquie immer noch dem ehemaligen König Umberto, doch die Kirchenoberen betrachten sich als die geistigen Erben, die rechtmäßigen Hüter des Grabtuchs. Eine wissenschaftliche Bestätigung seiner Authentizität käme ihnen gerade recht, um die Ansprüche des Papsttums zu untermauern, und würde den »göttlichen Druck« auf das seit Jahrhunderten bedrängte Haus Savoyen verstärken, damit dieses »Gott zurückgibt, was Gottes ist«.

Ich möchte den Forschern des STURP, die in renommierten universitären Labors, in der militärischen Luftfahrt der USA, der NASA, in Forschungszentren für Atomenergie, Museen für Archäologie und Instituten für Gerichtsmedizin tätig sind, keineswegs vorwerfen, sie seien hinsichtlich der Authentizität des Tuches beeinflußt worden. Ihre Forschungsberichte, die zumindest auf den ersten Blick unanfechtbar sind und im Laufe von zwanzig Jahren immer wieder bestätigt wurden, sprechen für sich. Aber es steht fest, daß ihre Schlußfolgerungen, die ja lange vor der offiziellen Veröffentlichung im Vatikan bekannt waren, den letzten Willen König Umbertos beeinflußt haben.

In seinem Testament, auf den 27. März 1981 datiert, heißt es: »Da die katholische Kirche das Haus Savoyen in Gestalt seines Oberhauptes als rechtmäßigen weltlichen Besitzer des Heiligen Grabtuchs anerkennt und ich es als unerläßlich ansehe, der Kirche die endgültige Rückgabe einer ihrer bedeutendsten Reliquien der Passion unseres Herrn Jesus Christus zuzusichern, verfüge ich, daß nach meinem Tode das Heilige Grabtuch voll und ganz in den Besitz des Heiligen Stuhles übergeht.«

Siebenundvierzig Tage später vereinbart Johannes Paul II. eine Audienz mit den Forschern des STURP. Sie sollen ihm die Ergebnisse ihrer Untersuchungen persönlich übergeben. Doch zu dem Treffen kam es nicht: Am 13. Mai, direkt vor der vereinbarten Unterredung, schoß der Islamist Ali Agça auf den Papst.

Diejenigen, die ein Komplott hinter diesen Geschehnissen vermuteten, wiesen darauf hin, daß der Vorgänger Johannes Paul I. unter äußerst merkwürdigen Umständen gestorben war, am 28. September 1978 – acht Tage vor dem Beginn der Forschungsarbeiten des STURP, die er zusammen mit Umberto von Savoyen in Auftrag gegeben hatte.

Als 1997 die Kathedrale von Turin vorsätzlich in Brand gesetzt und das Grabtuch beinahe zerstört wurde, fragten sich böswillige Geister erneut, wer unter den Feinden der Christenheit oder innerhalb der Kirche selbst das Grabtuch daran hindern will, seine Botschaft mitzuteilen.

1988, als die Datierung mit C 14 durchgeführt wird, ist in Turin nichts mehr von dem Teamgeist zu spüren, der die Untersuchungen des STURP charakterisierte. Interne Querelen, Kurswechsel, private Abrechnungen, hinterhältige Machenschaften, bewußte Indiskretionen, sorgsam in den Medien breitgetretene Differenzen: Es scheint, als hätte man Skeptiker und

Ungläubige herzlich dazu eingeladen, das unwiderrufliche Verdikt von 1978 in Frage zu stellen.

Zwischenzeitlich war allerdings König Umberto gestorben. Das Grabtuch gehörte nun keiner Privatperson mehr. Die Kirche mußte also weder das Haus Savoyen noch sonst jemanden auf der Welt von der Echtheit der Reliquie überzeugen. Ich würde sogar behaupten, daß eine mittelalterliche Datierung des Tuches, sofern sie nur irgendwann widerrufen werden konnte, in Anbetracht der damals herrschenden Grundstimmung womöglich erwünscht war.

Natürlich sei jedem freigestellt, in diesen niederträchtigen Vermutungen die Früchte meines durchtriebenen Geistes zu sehen. Doch zu meiner großen Überraschung werden sie in unserem Dokumentarfilm von einem der engsten Berater Papst Benedikts XVI. indirekt bestätigt. Kardinal Bertone, der Erzbischof von Genua, Mitglied der Kongregation für die Doktrin des Glaubens, erklärte vor laufender Kamera ganz ungerührt:

»Die Analyse mittels C 14 scheint ein Irrtum gewesen zu sein, vor allem wegen der Vorurteile, über die zu reden müßig ist, denn das Verdikt war bereits gefällt worden, bevor überhaupt mit den Untersuchungen begonnen wurde.«

»Das Verdikt war bereits gefällt«, doch von wem? Von Wissenschaftlern, die die Kirche nach unglaublichen internen Konflikten selbst ausgesucht hatte. Kardinal Bertone verrät uns folgendes: Die Kongregation für die Doktrin des Glaubens hatte von einer Datierung mit Hilfe einer Methode abgeraten, die sich bei der Anwendung auf historische Textilien oft als wenig zuverlässig erwiesen hatte. Sollte tatsächlich kein Weg an einer derartigen Testserie vorbeiführen, so empfahl die Kongregation, möge man diese Untersuchungen einer Gruppe von Fachleuten der Päpstlichen Akademie der Wissenschaften anvertrauen. Ein Protokoll von achthundert Seiten, das die Vorgehensweise bei einer möglichen Radiokarbondatierung festlegt, war sogar auf Initiative Kardinal Ratzingers, des heutigen Papsts Benedikt XVI., verfaßt worden.

Und da geschieht das Unglaubliche. Auf Befehl von Staatssekretär Kardinal Casaroli, der im Vatikan das zweithöchste Amt bekleidet und daher, so vermute ich, bei seinem Tun den Segen Johannes Pauls II. hat, wird dieses Protokoll einfach dem Papierkorb überantwortet. Mechtilde Flury-Lemberg, weltweit anerkannte Expertin für historische Textilien, die ursprünglich die Entnahme der Probe hätte überwachen sollen, wird durch Luigi Gonella und Giovanni Riggi ersetzt, die beiden wissenschaftlichen Berater, die Kardinal Ballestrero erkoren hat. Letzterer wiederum, das ist ein offenes Geheimnis, hat nie an die Echtheit der Reliquie geglaubt, deren offizieller Hüter er ist. Statt der ursprünglich vorgesehenen sieben Labors führen nun nur noch drei die Radiokarbondatierung durch.

Auf die Frage, weshalb der Heilige Stuhl sich gegen die Empfehlung der Kongregation für die Doktrin des Glaubens – der ehemaligen Inquisition und damit wahrhaftigen Hüterin des Dogmas – ausgesprochen hatte, erklärt der Mikrobiologe Garza-Valdés heute:

»Es war eine Zeit, in der die Kirche große Angst davor hatte, Christus könne geklont werden. Sie dachten, wenn sie das Grabtuch für echt erklärten, könne jemand Blutproben davon entnehmen und versuchen, Jesus von Nazareth zu klonen.«

Auf den ersten Blick kommt einem diese Erklärung ein wenig anachronistisch vor, denn das reproduktive Klonen setzte ja erst 1996 mit dem Schaf Dolly ein. Doch bereits 1986 gelang es Steen Willadsen, ausgehend von einem Embryo im Stadium von acht Zellen, ein Lamm zu klonen. Seine in der Zeitschrift *Nature* veröffentlichten Ergebnisse regten sogleich Phantasien vom menschlichen Klonen an.

Garza-Valdés zufolge wird in diesem Klima am 21. April 1988 die Probe für die Radiokarbondatierung entnommen, eine unfehlbare Methode, wenn man den Medien Glauben schenken darf, die unablässig ihre Vorzüge preisen.

Unfehlbar, tatsächlich? Abgesehen von den lebenden Schnecken, die für sechsundzwanzigtausend Jahre alt erklärt wurden, zitieren wir neben weiteren Meisterleistungen der Radiokarbonisten das Wikingerhorn, das auf 2006 n. Chr. datiert wurde (Labor in Tucson, Arizona), die 1950 hergestellte leinene Altardecke, die bei der Untersuchung um dreieinhalb Jahrhunderte alterte (Labor Zürich), oder die Mumie, die siebenhundert Jahre jünger sein soll als die Bandagen, in die sie gehüllt ist (Labor Oxford).

Ebendiese drei Laboratorien, die als unfehlbar galten, sind ausgerechnet diejenigen, die der Vatikan auf Empfehlung von Luigi Gonella hin ausgewählt hat, um das Grabtuch zu datieren. Doktor Tite vom British Museum soll die Arbeiten beaufsichtigen, Professor Giovanni Riggi bestimmen, wo eine Probe entnommen wird, und den Schnitt durchführen.

Zunächst einmal erstaunt diese Entscheidung. Wer ist Giovanni Riggi? Ein Mikroanalytiker, der für das multinationale, auf Klebstoffe spezialisierte Unternehmen 3M arbeitet. Daß er bei den Untersuchungen von 1978 dabei ist, leuchtet ein: Damals wurden Pollen, Staub und Blut auf Klebstreifen gesammelt. Zehn Jahre später ist die Situation eine ganz andere: Es geht nicht mehr ums Kleben, sondern ums Schneiden. Ist Riggi wirklich am besten dafür qualifiziert? Es bleibt einem der Mund offenstehen, wenn man auf den Bildern der Überwachungskameras sieht, wie mit bloßen Händen ins Grabtuch geschnitten wird. Vor allem begreift man nicht, wie die Vertreter der kirchlichen und wissenschaftlichen Obrigkeit zulassen konnten, daß die Probe ausgerechnet an der am wenigsten geeigneten Stelle entnommen wurde, nämlich am Rand, dort, wo die Reliquie jahrhundertelang festgehalten wurde, wenn das Volk sie bestaunte und man sie im Mittelalter mit einer Bordüre bestickt hatte – was offenbar ein schlagendes Argument bei der Datierung auf das Mittelalter war.

Und das ist nicht die einzige Schwachstelle bei dieser bizarren Untersuchung. Hinzu kommt, daß die entnommene Probe mit dreiundvierzig Milligramm pro Quadratzentimeter viel zu schwer ist, da die mittlere Dichte des Tuches bei dreiundzwanzig Milligramm liegt. Die Einzelresultate wurden nicht veröffentlicht, es gibt kein ordnungsgemäßes Protokoll, man verzichtete auf einen doppelten Blindtest, die Forscher weigerten sich, eine interdisziplinäre Interpretation ihrer Meßdaten zuzulassen, die Ergebnisse der Labors divergieren (Zürich entdeckt als einziges eine Verschmutzung, Oxford verwendet eine »Toleranzbreite«, die sich von den beiden anderen radikal unterscheidet), Reserveproben und beim Abtrennen angefallene Restfasern gehen verlustig, die im Untersuchungsbericht verwendete Terminologie ist zum Teil fehlerhaft, es wurden keine chemischen, physikalischen und statistischen Untersuchungen durchgeführt.[22]

»Weder die Rechenfehler, von denen es nur so wimmelt«, schreibt der Statistiker Jouvenroux später, »noch die Methoden, die stets auf möglicherweise falschen oder nicht verifizierbaren Hypothesen beruhen, tragen zur Glaubwürdigkeit der aufgeführten Schlußfolgerungen bei.«

»Die Radiokarbondatierung ist die einzige Gewißheit«, antwortete Doktor Tite angesichts des Proteststurms, der sich nach der Publikation der Ergebnisse der von ihm überwachten Datierung in der Zeitschrift *Nature* unter den Wissenschaftlern erhob.

Die Zeitschrift *Science* dagegen rief im Dezember 1988 in Erinnerung, wie wenig verläßlich die Radiokarbondatierung bei anderen Materialien als Holz ist. Im Zuge einer Mitteilung des Kommissariats für Atomenergie schrieb *Le Monde* sogar in der Ausgabe vom 3. Januar 1996: »Alle Untersuchungen mit der Radiokarbonmethode müssen um mehrere tausend Jahre in die Vergangenheit zurückdatiert werden.« Außerdem räumt in dem Artikel ein Fachmann in aller Unschuld ein: »C 14 führt zu falschen Datierungen, wie wir seit vierzig Jahren wissen.« Es handelt sich um Michel Fontugne, den Verantwortlichen für Radiokarbondatierung in Gif-sur-Yvette, jenem Labor also, dem 2004 der Unterpräfekt Maurice und der Stellvertretende Bürgermeister Métézeau die Aufgabe übertrugen, das Alter der Tunika von Argenteuil zu bestimmen.

Sechzehn Jahre zuvor triumphierte, den groben

Fehlern und der allgemeinen Kritik zum Trotz, die Wissenschaft über die Macht des Aberglaubens. Um Doktor Tite »für seine hervorragende Arbeit« zu danken, unterzeichnete eine Gruppe anonymer Investoren einen Scheck über eine Million britische Pfund, die ihm einen Lehrstuhl in Oxford sichern sollten. Kardinal Ballestrero gab seinen Segen zu der »fünfundneunzigprozentigen Gewißheit«, welche die Forscher für sich beanspruchten. Man freut sich mit ihnen, zumal sie nur ganz knapp an der Katastrophe vorbeigeschlittert sind: Wie man heute weiß, hätten die Laboratorien das Grabtuch nach den ersten Messungen um ein Haar auf einen Zeitraum *nach* seinem Auftauchen in Lirey im Jahr 1357 datiert.[23]

Als ich all dies herausfand, geriet ich ins Staunen. Wieso konnte sich die Überzeugung, das Tuch stamme aus dem Mittelalter, so hartnäckig halten, und das bis heute? Tatsächlich sprechen zu viele Gründe dagegen, paradoxerweise aber erscheint es unglaubwürdiger, die Sache in Frage zu stellen – ganz so, als würde eine Überzahl von Fehlern sie schlußendlich wahr werden lassen. Das ist übrigens, da ihre Methode ja »unfehlbar« ist und ihre Gegner so voreingenommen, auch das Hauptargument der Parteigänger der Radiokarbondatierung.

Einer von ihnen, Jacques Evin, war dabei, als Riggi die Probe entnahm, heute gehört er zu den wenigen, die

die Methode öffentlich verteidigen, so etwa 2005 in einer Fernsehsendung auf Europe 1, als der Anwalt Denis Deforges ein exzellentes Dossier über das Grabtuch vorlegte.[24] Als Spezialist der Radiokarbondatierung bestätigt Jacques Evin die mittelalterliche Datierung. Doch wie die Mehrheit der seriösen Wissenschaftler sieht er sich außerstande, die Entstehung des Abdrucks zu erklären. Als Katholik schlußfolgert er daher, daß es sich hier um ein Wunder handelt. Allerdings um eines aus dem Mittelalter.

Im nachhinein kann man sich zu Recht fragen, was 1988 eigentlich passiert ist. Sind all diese Patzer tatsächlich das Ergebnis von gewöhnlichem Dilettantismus? Hat die Kirche sich zum Narren halten lassen, oder war sie selbst bei dieser Kakophonie tonangebend? Ich habe keine Antwort darauf. Doch wenn das Grabtuch tatsächlich von Jesus stammt, wenn sein Abbild der Beweis für die Auferstehung ist, dann muß man einsehen, daß diese Reliquie gefährlich wird in Anbetracht der Fortschritte in der Gentechnik einerseits und der Phantastereien neumessianischer Strömungen andererseits. Mußte der Wert der Reliquie gemindert werden, um sie zu beschützen?

Eines ist sicher: Ob sie nun im Namen der Kirche an der mittelalterlichen Datierung gebastelt haben oder nicht, belohnt wurden die Verantwortlichen jedenfalls nicht. Binnen weniger Monate wurde Luigi Gonella und Giovanni Riggi das Projekt entzogen und Kardinal Ballestrero, eigentlich Hüter des Grabtuchs auf Lebenszeit, von seiner Funktion entbunden.

Damit wurde die Klammer geschlossen und hinterließ schmerzhafte Narben.

Als es sechzehn Jahre später darum geht, das Alter der Tunika von Argenteuil zu bestimmen, werden anscheinend ganz bewußt einige der Fehler wiederholt, die bereits die Datierung des Turiner Grabtuchs problematisch machten. Hier ein Auszug der Vorwürfe, die in einem für den Bischof von Pontoise bestimmten Bericht verzeichnet sind:

»– Kein Blindtest, das Labor war über die Herkunft des zu untersuchenden Stoffes in Kenntnis gesetzt worden;

– keine Angaben darüber, an welchen Stellen die Proben entnommen wurden;

– Menge der entnommenen Proben unnötig groß: Die ausgeschnittenen Stücke haben zusammengerechnet ein Gewicht von sechshundert Milligramm und eine Oberfläche von fünfzehn Quadratzentimetern. Die Entnahme kleinerer Proben, dafür an verschiedenen Stellen, hätte die Verifizierung der Homogenität ihrer chemischen und isotopischen Zusammensetzung ermöglicht;

– keinerlei Beweisführung, ob die Reinigung der Proben erfolgreich verlief.«

Beim Turiner Grabtuch gab es drei Labors, die eine gewisse Fehlerquote einräumten, die zuvor zitierte »Toleranzbreite«. Im Falle der Tunika war nur ein einziges Labor mit den Untersuchungen beauftragt, nämlich das in Gif-sur-Yvette. Immerhin gibt es einen bedeutenden Fortschritt: Unter der Aufsicht des Unterpräfekten von Val-d'Oise trug die Person, die in das Tuch schnitt, Handschuhe.

Wieder einmal drängt sich dem unparteiischen Beobachter die Frage auf, ob es nicht ausgerechnet dann zur heiligen Eintracht zwischen Kirche und Wissenschaft kommt, wenn es sich darum handelt, eine Jesus zugeschriebene Reliquie zu diskreditieren.

Im Dezember 2004 erscheint in *L'Église en Val-d'Oise*, der Zeitschrift der Diözese, ein von einem gewissen Gérard Antem unterzeichneter Artikel. In seinem präzisen und klaren Abriß der Geschichte der Tunika bis in die Jetztzeit fehlt jeglicher Verweis auf die Untersuchungen von Professor André Marion und den Hämatologen, die herausfanden, daß das auf der Tunika entdeckte Blut die Blutgruppe AB aufweist – genau wie das Grabtuch von Turin und das Schweißtuch von Oviedo.

»Forscht weiter, indem ihr eurer inneren Freiheit folgt, respektiert dabei aber die wissenschaftliche

Methodologie ebenso wie die Sensibilität der Gläubigen«, verkündete Johannes Paul II. den Forschern, die sich mit den Passionstüchern beschäftigten. Just mit dem Verweis auf diese Ermutigung rechtfertigt die Zeitschrift der Diözese den operativen Eingriff des Unterpräfekten: »Getreu dieser Devise wurden die wissenschaftlichen Untersuchungen an der Tunika von Argenteuil durchgeführt und werden heute den Bewohnern von Val-d'Oise und den Christen [sic] mitgeteilt.« Abschließend heißt es: »*Weil sie an Christus gemahnt* [die Hervorhebung stammt vom Redakteur], erlaubt die Heilige Tunika dem Menschen, sich Jesus stärker anzunähern.«

Gewiß. Doch gesetzt den Fall, sie stammt von Jesus, anstatt nur an ihn zu gemahnen, würde das automatisch bedeuten, daß sie ihn dem Menschen entfremdet? Oder ihn aus den falschen Gründen anzieht, da der wissenschaftliche Beweis ja seit Urzeiten als unvereinbar mit dem Akt des Glaubens gilt. Für die Christen zählt nur der Glaube an Jesus, kein Zweifel. Doch wird er wirklich gestärkt, wenn sich eine Reliquie wieder einmal als Fälschung erweist?

In Turin hatte Kardinal Ballestrero gleich als erster der Presse verkündet, daß die Reliquie aus dem Mittelalter stamme. Um unmittelbar darauf hinzuzusetzen:

»Indem sie die Wissenschaft der Wertschätzung dieser Ergebnisse versichert, bestätigt die Kirche ihren Respekt und ihre Verehrung für diese verehrungswürdige Ikone Christi.«

Was für eine seltsame Haltung: Wenn das Grabtuch aus dem Mittelalter stammt, was gibt es dann zu verehren? Das Leiden eines Doppelgängers von Jesus, der gegeißelt und ans Kreuz genagelt wurde, um eine Reliquie fälschen zu können? Unter diesen Umständen begreift man, weshalb die Kirche die Hämatologen auf Abstand zu den Passionstüchern hält und schamhaft einen Schleier über die menschlichen Blutkörperchen auf den Tüchern breitet. »Bedeckt dieses Blut, das ich niemals sehen werde«, faßt der Genforscher Gérard Lucotte die Situation zusammen.

Allerdings würde das Blut der Blutgruppe AB, sollte tatsächlich Jesus in diesem Tuch gelegen haben, ein Riesenproblem aufwerfen. Denn das ist die einzige Blutgruppe, mit der man Mutter *und* Vater ermitteln kann.

Wenn man daran glaubt, daß Gott durch das Wirken des Heiligen Geistes Mensch geworden ist, warum sollte er es dann nur zur Hälfte getan und sich des Y-Chromosoms beraubt haben? Die »ewige Jungfernschaft« der Maria (vor, während und nach der Niederkunft) ist ein Dogma des siebten Jahrhunderts. Die Genetiker unserer Tage stellen nicht etwa Gott in Frage, sie wenden sich gegen eine im Jahre 649 beim

Konzil von Latran durch Menschen getroffene Entscheidung.[25] Zunächst sei daran erinnert, daß die Kirche den Markionisten und Doketisten mit dem Scheiterhaufen gedroht hatte, weil diese Häretiker behaupteten, Jesus habe nur scheinbar einen physischen Körper gehabt, und ihm somit jedwedes genetische Erbgut absprachen, wie wir heute sagen würden. Andere Zeiten, andere Todesarten. Es wird nicht mehr verbrannt, es wird totgeschwiegen.

Nun, es sieht also so aus, als habe die katholische Kirche 1988 bei einem Phantomkonzil das Blut Christi zu einem Tabu erklärt. Und das »Garza-Valdés-Syndrom«, nämlich die Befürchtung, moderne Vampire könnten die vermeintlichen Zellen Jesu aussaugen und versuchen, ihn zu klonen, hat die Probleme, die der Heilige Stuhl mit dem Grabtuch hat, seit er dessen Besitzer wurde, nur noch verschlimmert. Beinahe bringt man Verständnis auf für den Aufschrei eines Priors nach dem Brand in der Turiner Kathedrale: »Wie schade, daß das Grabtuch nicht zerstört wurde – das hätte den ganzen Polemiken ein Ende bereitet!«[26]

Da wir schon bei Polemiken sind: Eine weitere mögliche Erklärung für die Zurückhaltung des Vatikans liefert in unserem Film Pater François Brune, ein ausgezeichneter Theologe, der zwar wie ein gemütlicher Mönch auf einem Camembert-Etikett wirkt, dabei aber durch seine Offenheit, seinen Mut und seinen

Scharfsinn die Phrasendrescherei des Vatikans Lügen straft:

»Ich glaube, einer der Gründe, weshalb die Kirche bei der Frage nach dem Grabtuch eine derart schwammige Haltung vertritt – wie übrigens auch bei den Marienerscheinungen – ist, daß sie zutiest gespalten ist. Auf der einen Seite sind da die Konservativen, die zuweilen fast schon fundamentalistische Züge zeigen und die wütend sind, weil die Kirche in bezug auf Wunder nicht eindeutig Stellung bezieht. Auf der anderen Seite ist da die große Mehrheit der Theologen, die all dies verworfen haben und womöglich Sturm laufen würden. Ich glaube, die katholische Kirche ist derzeit von einem echten Schisma zwischen den beiden Strömungen bedroht.«

Ein weiterer Grund, der den Vatikan daran hindern könnte, die Reliquie offiziell anzuerkennen, liegt möglicherweise in seiner Geschichte begründet. Ich möchte darauf hinweisen, daß diese Hypothese einzig und allein meinem verderbten Geist entsprungen ist.

Wenn das Grabtuch tatsächlich von Jesus Christus ist, haben es aller Wahrscheinlichkeit nach Christen aus dem Okzident bei der Plünderung Konstantinopels gestohlen. Auf die gleiche Weise, wie Napoleon Ägypten ausraubte oder die Engländer die Friese des Parthenon mitnahmen, um sie im British Museum auszustellen.

Selbstverständlich haben die Regierungen in Kairo und London nichts gemein mit denjenigen, die damals Opfer dieser Grabräuber wurden. Doch ihre Klagen gelten mittlerweile als berechtigt. Internationalen Anwälten zufolge, die ich konsultiert habe, könnte Istanbul heute ohne weiteres das Grabtuch von Jesus für sich reklamieren.

Allerdings wird diese Art von Angelegenheiten heutzutage durch eine außergerichtliche Einigung zwischen den Parteien geregelt. Soweit ich weiß, gibt es ja noch ein paar kleine Hindernisse für den EU-Beitritt der Türkei …

Kommen wir nun, nachdem die Vermutung ausgesprochen ist, hier könne politisch-religiöse Zensur geübt worden sein, wieder zu den drei Puzzleteilen vom Anfang zurück. Wo stehen wir tatsächlich in wissenschaftlicher Hinsicht? Biologen haben also bewiesen, daß auf dem Grabtuch von Turin, dem Schweißtuch von Oviedo und der Tunika von Argenteuil Blut derselben Blutgruppe – AB – vorhanden ist. Professor Danin von der Hebräischen Universität Jerusalem hat festgestellt, daß die auf dem Schweißtuch von Oviedo gefundenen Pollen mit denjenigen auf dem Grabtuch von Turin identisch sind; einige sind nur in der Region um Jerusalem zu finden, andere wiederum stammen aus einer Zeit vor dem achten Jahrhundert.

Nun müssen die Pollen mit denjenigen auf der Tunika von Argenteuil verglichen werden, außerdem die DNA der drei Reliquien untereinander.

2005 versuchte sich ein Mann an dieser unmöglichen Aufgabe.

Die Genetik des Grals

Kariertes Jackett, gestreifte Krawatte, schlohweißes Haar, wacher Blick hinter leicht flippigen Brillengläsern, wohlgenährt, schmale, entscheidungsfreudige Lippen – Gérard Lucotte sieht eher aus wie der Präsident eines Fußballclubs als ein DNA-Spezialist. Am Telefon klang er nüchtern und fordernd: »Sie kennen mich nicht, ich habe *Das Evangelium nach Jimmy* gelesen, wir müssen uns unterhalten.«

Neugierig geworden, schlug ich ihm ein Treffen am nächsten Tag in einer Bar in Seine-Nähe vor und forschte einstweilen im Internet nach. Die Liste seiner wissenschaftlichen Veröffentlichungen konnte nichts Gutes für mich bedeuten. Lucotte, Direktor des Zentrums für molekulare Neurogenetik in Paris, entdeckte 1985 das Markergen des Y-Chromosoms: Alles schien darauf hinzudeuten, daß er in meinem Roman jede Menge unentschuldbarer Fehler im Bereich der Gentechnik entdeckt hatte und nun von mir erwartete, daß ich meine Schnitzer in einer Neuauflage richtigstellte – das Buch lag seit drei Tagen in den Buchhandlungen aus.

Vor Gérard Lucotte steht ein mit Schirmchen und Selleriescheibe verziertes Cocktailglas. Er war vor mir da. Als Erkennungszeichen hat er meinen Roman auf dem Tisch liegen.

»Was nehmen Sie? Ich hab was Antialkoholisches, wegen der Gicht, aber tun Sie sich keinen Zwang an – es ist ja schon sieben Uhr.«

Mit tiefer, volltönender Stimme, immer wieder von Pausen, Steigerungen und Zungenschnalzen unterbrochen, die den Professor verraten, der seine Stundenten bei Laune halten will, beginnt er umstandslos zu erklären:

»Ihr Buch hat mich zunächst beeindruckt, dann beunruhigt. Beeindruckt, weil kein Fehler darin ist, weder in bezug auf die Genetik selbst noch auf die Mentalität der Genforscher. Beunruhigt, weil sich Ihre Figuren in einem fiktionalen Szenario bewegen, in dem reproduktives Klonen von Menschen bereits stattgefunden hat, und Sie Probleme behandeln, von denen wir in unseren Ethikräten nicht einmal geträumt hätten. Fragen zum Beispiel, die den moralischen, affektiven, sozialen und juristischen Status des künftigen Klons betreffen. Aber.«

Fünf Sekunden Stille unterstreichen die wie einen Endpunkt in die Luft gehämmerte Konjunktion. Dann redet er weiter: »In einer Nachbemerkung des Autors zitieren Sie den amerikanischen Forscher, der behauptet, drei Gene aus dem Blut Christi molekular geklont zu haben. Hier heißt es aufpassen. Ich werde Ihnen beweisen, daß man in wissenschaftlicher Hinsicht über diesen Menschen geteilter Meinung sein kann, daß jedoch seine Ausführungen äußerst wahrscheinlich sind – und ich weiß, wovon ich spreche, denn ich selbst habe die DNA einer Reliquie von Jesus geklont.«

Ohne mir Zeit zu geben, diese ungeheuerliche Nachricht zu kommentieren, die er mir eben in kriegerischem Tonfall mitgeteilt hat, fährt er fort:

»Bei mir aber ist es zwanzig Jahre her, und keiner weiß es, weil es nicht mein Ziel war, einen Bestseller zu schreiben wie dieser Garza-Valdés, den wir uns gleich mal vorknöpfen können.«

Und damit zieht er das Werk des berühmten Mikrobiologen von der Universität Texas aus der Tasche: *The DNA of God?*[27] Gebannt höre ich ihm zu. Weniger weil er Kritik an diesem Buch übt, sondern weil sich dieser DNA-Spezialist mit einer Offenheit und dem technischen Fachvokabular an mich wendet, als wären wir Kollegen, als hätten die Figuren der Wissenschaftler, die ich erfunden habe, auf mich abgefärbt. Ich verstehe nicht alles, nicke aber, um die Atmosphäre der Vertrautheit aufrechtzuerhalten, in der Hoffnung, durch die weiteren Ausführungen Klarheit zu bekommen. Sich selbst als Hochstapler zu fühlen, während ein Experte einen für einen Gleichgesinnten hält, ist ein ganz besonderes Vergnügen.

»Garza-Valdés hat mit den Blutproben gearbeitet, die Professor Riggi entnommen hat, richtig? Riggi, 1988 mit der Radiokarbondatierung beauftragt, hatte seine Arbeit bereits am Mittag abgeschlossen, und es heißt, er sei danach noch drei Stunden mit dem Grabtuch allein gewesen, um eigene Analysen durchzuführen. Nun, er entnahm der Reliquie mit Klebestreifen Blut, ganz wie Doktor Sandersen in Ihrem Roman. Dieses Blut ließ er Garza-Valdés zukommen, der die DNA isolierte und schließlich drei Gensegmente daraus sequenzierte: Beta-Globin, Amelogenin X, Amelogenin Y ... Eben diejenigen, die er behauptet geklont zu haben.« Seine Augen glänzen. Mit den Fingern tippt er sich auf die Nasenspitze. »Das Problem ist, daß er in dem einzigen Kapitel über die genetischen Untersuchungen zwei absolute Anfängerfehler macht: An einer Stelle schreibt er, beim Amelogenin bezeichne das kleinste der beiden Fragmente das Chromosom Y, während es genau umgekehrt ist, und später verwechselt er molekulare Hybridisierung und polymere Kettenreaktion. Nicht schlecht, was?«

Ich nicke verständnisinnig.

»Man könnte meinen, er tut es absichtlich«, fährt er fort. »Er diskreditiert seine eigene Untersuchung, um sich zu schützen.«

»Wovor denn?«

»Vor ihren Konsequenzen. Vergessen Sie nicht, daß

er mit Proben arbeitet, die weder autorisiert noch kontrolliert wurden und mit denen der Vatikan absolut nicht einverstanden ist. Sobald seine Publikation aus wissenschaftlicher Sicht anfechtbar ist, kann die Information in aller Ruhe zirkulieren, denn sie enthält ja Garza-Valdés' eigenes Dementi.«

Der gelassene Machiavellismus, den er seinem Kollegen unterstellt, als Reaktion auf die Machenschaften der geheimnisvollen Mächte, die mit dem Grabtuch zu tun haben, erstaunt diejenigen, die sich mit dem Thema auskennen, durchaus nicht. Verfolgt man die Strategien, die man bei ihnen vermutet, so wirken die religiösen Würdenträger und die wissenschaftlichen Autoritäten, die gemeinschaftlich die Radiokarbondatierung unterstützten, unglaublich leichtfertig oder auch schrecklich hinterhältig – wir haben es ja gesehen.

Was Riggi betrifft, so hatte ich tatsächlich gehört, daß er zur Mittagszeit ganz allein in dem Raum mit der Reliquie war, und zum allgemeinen Erstaunen stellte man nachher fest, daß er klammheimlich, zu privaten Zwecken, mit Klebeband Blutproben entnommen hatte. Der Vatikan stritt erst einmal ab, daß es derartige Blutproben gebe. Dann versuchte er, Riggi zur Rückgabe des Materials zu zwingen. Riggi behauptete jedoch, er habe stets mit voller Zustimmung und unter ständiger Aufsicht der religiösen Behörden gehandelt. Man könnte meinen, der Heilige Stuhl lasse Informationen an die Öffentlichkeit dringen, um gleichzeitig ihre Quelle zu verschleiern.

Hinsichtlich der Arbeiten Garza-Valdés' erlaube ich mir allerdings einen Einwand: »Glauben Sie tatsächlich, ein Wissenschaftler wäre bereit, seine eigene Entdeckung zu sabotieren, indem er sie bewußt mit Fehlern gespickt?«

»Er hat sie nicht sabotiert, er hat einen Bestseller daraus gemacht. Was hätte es ihm denn gebracht, wenn eine wichtige Fachzeitschrift die Ergebnisse seiner Sequenzierung publiziert hätte? Man hätte ihn genauso hart angegriffen, berühmt geworden wäre er nicht, und Geld hätte er auch nicht bekommen. So aber verkauft er in rauhen Mengen ein bei seinen Kollegen umstrittenes Werk, die Wahrheit tritt offen zutage, läßt sich also besser bekämpfen, und außerdem ist die offizielle Moral gerettet: Wer an das Grabtuch Jesu glaubt, ist nur ein von seinem Glauben geblendeter Dummkopf.«

Er macht eine Pause, während der Kellner ein Glas und ein Schälchen mit Kartoffelchips vor mich hinstellt.

»Ich dagegen arbeite mit dem Einverständnis der zuständigen Behörde«, nimmt er den Faden wieder auf. »Zwanzig Jahre habe ich geschwiegen, weil der Augenblick noch nicht gekommen war, und nun werde ich meine Ergebnisse in der Zeitschrift der amerikanischen Akademie der Wissenschaften publizieren.«

»Über das Grabtuch?«

»Und die Tunika von Argenteuil. Die vergleichenden Arbeiten des Physikers Marion und des Botanikers Danin lassen darauf schließen, daß ein und derselbe Mensch diese beiden Tücher mit seinem Blut getränkt hat. Und wer dieser Mensch ist, das weiß ich.«

Er lehnt sich in seinem Sessel zurück, richtet die Krawatte in der Mitte seines Bauches aus und sagt in bescheidenem Tonfall, der durch ein kleines boshaftes Lächeln Lügen gestraft wird: »Wenigstens in genetischer Hinsicht.«

Jesus ist eine Topfpflanze

Kurze Unterbrechung für eine private Durchsage: In Anbetracht der nun folgenden Ausführungen bitte ich meine Leser, ein Minimum an Distanz zu wahren. Ich sage das nicht nur, um die Spannung zu erhöhen – dieses Kapitel ist nicht als Werbepause gedacht. Nein, bevor Professor Lucotte die »DNA Jesu Christi« entziffert, will ich lediglich um der Gerechtigkeit oder zumindest der Ausgewogenheit willen das Wort denjenigen erteilen, die behaupten, die Passionstücher seien ein einziger Betrug. Beginnen wir bei dem redegewandtesten von allen, Henri Broch.

In seinem Buch *Le Paranormal*, das erstmals 1985 bei Le Seuil erschien und 2001 in aktualisierter Form neuaufgelegt wurde (dies ist die Ausgabe, auf die ich mich beziehe), widmet sich der Autor 29 Seiten lang dem, was er – die Anführungszeichen sind von ihm selbst – »das ›Heilige Schweißtuch‹ oder die weitreichenden Folgen eines kleinen Akts von Nepotismus« nennt. Rufen wir uns die Definition des Begriffs Nepotismus ins Gedächtnis, die er im wörtlichen Sinn gebraucht:

»Gefälligkeiten, die einige Päpste ihren Neffen und Verwandten in Hinblick auf die Kirchenverwaltung erwiesen.« Henri Broch spielt auf die 1357 erfolgte Wiederheirat der Besitzerin des Grabtuchs mit einem Onkel Papst Clemens' VII. an, der demnach aus familiärem Wohlwollen den offiziellen Kult um eine Scheinreliquie gestattet hätte. Für Broch ist dies zugleich Ausgangs- und Endpunkt der Affäre: Die historischen und wissenschaftlichen Entdeckungen vom Mittelalter bis in unsere Tage sind für ihn nichts als fehlerhafte Zeugnisse und Tricksereien, die zum Ziel haben, a posteriori diese päpstliche Vetternwirtschaft zu rechtfertigen. »Ein falsches Wunder und eine echte Gaunerei« lautete der Titel eines 1983 im *Le Patriote Côte d'Azur*, Nizzas kommunistischer Wochenzeitung, erschienenen Artikels, in dem er das Fundament seiner von einem Pontifex maximus gebilligten mittelalterlichen Fälschungstheorie legte.

Für diejenigen, die ihn nicht aus dem französischen Fernsehen kennen, sei kurz erläutert, wer Henri Broch ist. Zusammen mit Georges Charpak hat er das amüsante Büchlein *Devenez sorciers, devenez savants*[28] geschrieben, er ist Professor für Physik an der Universität Nizza und mag als Nachfahre Pyrrhons, eines griechischen Skeptikers, gelten, denn er fühlt sich der Zetetik zugehörig, einer philosophischen Richtung, die die Kunst des Zweifels propagiert und der man nur beipflichten möchte, würde sie sich in der Praxis nicht durch eine häufige Verquickung des Prinzips des Zweifels mit einer zweifelhaften Argumentation diskreditieren. Sehen wir uns seine Erklärung einmal genauer an.

Da er wie der Rest der Menschheit außerstande ist, zu erklären, wie ein Fotonegativ auf ein Leintuch kommt, beschließt er kurzerhand: Dies ist kein Fotonegativ. Sein einziges Argument: »Die Blutflecken, von normaler dunkler Farbe auf dem Bild des Schweißtuchs, würden auf einem Negativ weiß.« Absichtlich oder unabsichtlich verwechselt er damit die Blutspuren, die ja als Positiv auf dem Tuch zu sehen sind, und den Abdruck des Körpers, der als Negativ erscheint. Wie es die NASA und das Institut d'Optique d'Orsay bestätigt haben, hat der Gekreuzigte in das Tuch geblutet, *bevor* seine Silhouette ihren Abdruck darin hinterlassen hat, und keine blutgetränkte Faser ist von der dem Bildnis zugrunde liegenden Rottönung betroffen – ein geheimnisvolles Phänomen, das unser Autor einfach unter den Tisch fallen läßt, ebenso wie die Links-Rechts-Spiegelung der Silhouette, die man beim Betrachten des Grabtuchs im ursprünglichen Zustand feststellt.

Auf ein und derselben Seite eröffnet Broch folgende Debatte und zieht gleich wieder einen Schlußstrich darunter: »Die verschiedenen aberwitzigen Theorien hinsichtlich der medizinischen Aspekte des ›Schweißtuchs‹ wurden von den Vertretern der Medizinerzunft selbst beiseite gewischt.« Aha! Auf wen bezieht er sich dabei? Zweifellos auf seinen Vorgänger am Institut für Zetetik, Yves Delage, Professor für vergleichende Anatomie an der Sorbonne, einen notorischen Agnostiker und erklärten Feind des Übernatürlichen und Wunderbaren. 1902 hatte Professor Delage vor der Akademie der Wissenschaften bewiesen, daß die Wunden in anatomischer Hinsicht absolut exakt abgebildet seien, also unmöglich das Werk eines Künstlers sein konnten, der sie ja als Negativ hätte malen müssen. Es könne sich daher wohl nur um die historische Persönlichkeit Jesu Christi handeln. Delages Veröffentlichung wurde später vom Sekretär der Akademie, Marcellin Berthelot, vollkommen zensiert – just jenem Berthelot, der damals auch untersagte, die Theorie der Atome und Moleküle ernst zu nehmen, die für ihn »Hirngespinste« gleichen Kalibers waren.

Man dürfte annehmen, daß Broch zur Untermauerung seiner These die besten Fachleute anführt, die der Markt zu bieten hat. Und in der Tat wartet er gleich mit dreien auf: einem Bischof, einem Zauberkünstler und einem Fachmann für Kunstfälschungen. Ohne ihm bei der Rekrutierung von Mitstreitern im Kampf gegen paranormale Phänomene das Wasser abgraben zu wollen, habe ich jedoch ein Dutzend weitere ausfindig gemacht, die sich unter anderem dadurch auszeichnen, daß sie jüngeren Datums sind und sich auf neuere Forschungsergebnisse stützen. Doch die spare ich mir für eines der folgenden Kapitel auf – beginnen wir mit denen, die er zitiert hat.

Da ist zunächst Monsignore Pierre d'Arcis, jener Bischof von Troyes gegen Ende des sechzehnten Jahrhunderts, von dem bereits die Rede war. Broch findet, der Mann sei bewundernswert und mutig und außerdem ungerecht behandelt worden. Das will ich gern zugestehen. Da jedoch die Wissenschaft bewiesen hat, daß das Grabtuch fälschungssicher ist, war der Bischof entweder sehr naiv oder sehr verlogen, indem er sich von einem angeblichen Fälscher hinters Licht führen ließ oder diesen schlichtweg erfunden hat, und sei es nur für einen guten Zweck. Für welchen eigentlich?

Wenn man sein an den Papst gerichtetes Memorandum liest, war Monsignore Pierre d'Arcis weder ein Dummkopf noch ein Unschuldslamm: Er wußte genau, welche Gefahr er da einging, als er sich gegen den Willen der Tante des Papstes stellte. Es hätten daher sowohl das Märchen vom reuigen Fälscher als auch die komplette Weigerung des Papstes, die Angelegenheit zu untersuchen, von dringlicher Notwendigkeit, ja von staatstragender Wichtigkeit sein müssen. Broch hält es nicht für notwendig, sich dafür zu interessieren, und das ist schade, denn seine Verteidigung des Bischofs hätte dadurch an Glaubwürdigkeit gewonnen.

Wenden wir uns daher der entscheidenden Frage zu: Warum zensiert Clemens VII. seinen Bischof derart heftig, obwohl dieser seit zwölf Jahren einer der mächtigsten Diözesen der Christenheit vorsteht und sich den Ruf eines hochintelligenten und unbescholtenen Mannes erworben hat? Und vor allem: Weshalb läßt der Pontifex die Unterlagen auf derart spektakuläre Weise beiseitigen? Die Hypothese von der Familienbegünstigung, an die Henri Broch sich klammert, ist ein wenig zu einfach, um nicht zu sagen: banal.

In Wirklichkeit scheint es mir darum zu gehen, eine Untersuchung zu vermeiden, die die Verbindungen der Familie de Charny mit dem früheren Templerorden ans Tageslicht gebracht und zu der Vermutung geführt hätte, das »Götzenbild« der Templer sei nicht etwa ein »muslimischer Dämon« gewesen, wie es die Inquisition behauptet hatte, sondern womöglich das authentische Grabtuch Christi. Wir schreiben das Jahr 1389, eine Zeit, in der sehr starker Druck auf Frankreich ausgeübt wird, das römische Papsttum anzuerkennen, und in der Clemens VII., ein Avignoneser Papst, keinerlei Bedürfnis verspürt, die Gespenster der Templer wiederauferstehen zu sehen, die mit dem Segen seines Vorgängers Clemens V., des ersten Papstes in Avignon, massakriert wurden.

Als Bischof Pierre d'Arcis sich beklagt, er könne sich »schriftlich nicht vollständig oder ausreichend über die schmerzliche Natur des Skandals auslassen, die Schande, die über die Kirche kommt, und die Gefahr, welche die Seelen dabei laufen«, worauf bezieht er sich da? Welche Bedrohung fürchtet er so sehr, daß er sie nicht einmal in seinem Memorandum erwähnen kann? Handelt es sich um Opfergaben, die von Pilgern mittels einer gefälschten Reliquie erpreßt wurden, eine Situation, die damals in den Gemeinden durchaus üblich war? Oder hat er die Familie de Charny im Verdacht, sie wolle durch die neuerliche Verehrung dieses »Götzenbilds« die Tempelritter mitsamt ihren Idealen und Strukturen wieder zum Leben erwecken? Immerhin war Geoffroy de Charny 1352 Mitbegründer einer Art parareligiöser militärischer Bruderschaft, L'Ordre de l'Étoile, deren Statuten denjenigen der von Philipp dem Schönen und Clemens VII. ausgelöschten Templer glichen. Um zu verhindern, daß das Grabtuch zum Symbol und Pfand einer neuen Gralssuche würde und damit die Krone Frankreichs und die Tiara Avignons in Gefahr brächte, mußte man es da als Fälschung verdammen, wie es der Bischof von Troyes versuchte, oder seine Verehrung auf eine örtlich begrenzte und streng reglementierte »Darstellung der Passion« beschränken, wie der Papst es bestimmte? Ich habe keine Antwort darauf, doch wenn ich mich auf

Henri Broch verließe, um sie zu finden, wäre ich aufgeschmissen.

Der Skeptiker aus Nizza überläßt den Bischof seiner Strafe, jenem vom Heiligen Vater auferlegten »ewigen Schweigen«, und ruft den zweiten Zeugen auf: den Zauberkünstler Joe Nickell. Dieser produziert maßgeschneiderte Turiner Grabtücher, indem er ein feuchtes Leintuch auf ein Relief preßt. Artig verbreitet er in den Medien sein Rezept: »Klopfen Sie mit einer Bürste darauf, damit das Tuch sich genau an die Konturen anfügt, tragen dann mit einem Schwämmchen die gewünschte Farbe auf, Eisenoxyd und Zinnoberrot. Trocknen lassen – fertig.« Na, so was! Für diejenigen, die das Ergebnis gesehen haben, besteht zwischen dem Original und der Kopie ungefähr soviel Ähnlichkeit wie zwischen einer Pietà von Michelangelo und einem Poster von Madonna. Doch Broch kümmert dies wenig: Bei Rationalisten wie Gläubigen hilft allein der Glaube – zumindest der an den schönen Schein.

Auftritt des dritten Sachverständigen, Walter McCrones, eines Kriminologen, der auf Fälschungen von Kunstwerken und historischen Dokumenten spezialisiert ist und vor allem dadurch berühmt wurde, daß er eine Karte von Kanada, die in Wirklichkeit aus dem Jahr 1440 stammte, zu einer Imitation aus dem zwanzigsten Jahrhundert erklärte. Natürlich läßt Broch diesen groben Schnitzer unerwähnt, dafür wird er nicht müde zu erwähnen, wie hoch die Forscher des STURP McCrone schätzen, so hoch, daß sie ihm 1978 zweiunddreißig Proben des Grabtuchs zur Analyse anvertrauen.

Urteilsspruch von Mister McCrone: Das Abbild wurde mit den Fingern gemalt, und zwar unter Verwendung von Eisenoxyd und Zinnoberrot. »Entscheidend ist dabei die Tatsache«, schreibt Broch, »daß das Vorhandensein von Farbpigmenten, die auf keinen Fall von Blut oder einer anderen Körpersubstanz stammen können, ganz zweifelsfrei erwiesen ist.« Er scheint zu vergessen, daß auch Blut Eisen enthält, worauf ihn Professor Baima Bollone aufmerksam macht, der Direktor des Gerichtsmedizinischen Instituts in Turin, der nach Heller und Adler das Vorhandensein von Globulin und menschlichen Eiweißen auf dem Grabtuch nachgewiesen hat.[29] Was die Spuren von Zinnober, Arsengelb, Ultramarin, Azurit, Holzkohle und Krapprot betrifft, so stammen sie zwar aus Substanzen, die im sechzehnten Jahrhundert zum Malen verwendet wurden. Doch keinesfalls besteht das Abbild aus diesen Farbspuren, und überdies hätte jeder beliebige Spezialist Ansätze von Pinselstrichen oder die von Mister McCrone angeführten »Finger« entdeckt.

Bei den Pigmenten handelt es sich, auch wenn Broch es zu erwähnen versäumt, um einige Dutzend mikroskopisch kleiner Fragmente, die sich in dem Staub auf dem Tuch verlieren. Seit dem vierzehnten Jahrhundert hielten Maler, die eine Kopie des Grabtuchs anfertigten, ihr fertiges, getrocknetes Gemälde gegen die Reliquie, wenn diese gezeigt wurde, damit auf diese Weise die heilige Aura auf ihr Werk übergehen könne. McCrone behauptete übrigens einmal, daß das Grabtuch nach 1800 mit rostigem Wasser bemalt worden sei.[30] Das erwähnt Broch nicht. Schade, denn meiner Kenntnis nach ist diese Behauptung niemals dementiert worden. Ich werde später auf die erstaunlichen Perspektiven zurückkommen, die sich dadurch eröffnen und die weit über das hinausgehen, was der selige McCrone vermutete.

Die Vernehmung der Zeugen ist damit beendet. Halt, ich habe drei vergessen: Markus, Matthäus und Lukas. Henri Broch beruft sich tatsächlich auf die drei Evangelisten, um sie ihrem Kollegen Johannes gegenüberzustellen, der als einziger von Nägeln spricht. »Allein Johannes«, erklärt er, »führt jene Details an, welche die Experten so sehr geblendet haben, zum Beispiel, daß ihm die Beine nicht gebrochen wurden und eine Lanze in die Seite gerammt wurde. Kurzum, *alles* an dieser Geschichte gründet auf dem Johannes-Evangelium und nur darauf, und man nimmt diesen Text wortwörtlich, um die Details auf dem Schweißtuch wiederzufinden.« Broch gebührt die Palme für geschicktes Vertauschen von Ursache und Wirkung. Ich hatte immer geglaubt, das Grabtuch sei ein Beweis für die Genauigkeit der Evangelien, nicht umgekehrt.

Wie steht es mit dem Blut? Dieser Frage weicht er selbstverständlich aus: Man kann nicht ewig behaupten, es handele sich hier um Farbe, Rost oder Ketchup, ohne es zu beweisen. Indem er erneut seinen Unglauben oder, schlimmer noch, seine Ignoranz bei diesem Thema beschwört, zerlegt er, ohne sie namentlich zu nennen, all die Wissenschaftler – Hämatologen, Chirurgen, Genforscher –, welche Hämoglobin, menschliches Eiweiß und Bilirubin nachgewiesen haben: »Durch keinen einzigen Forschungsbericht wurde das Vorhandensein von Blut belegt. Einige von großer Publicity begleitete Tests weisen angeblich Porphyrine auf dem Tuch nach, was mehrere Mitglieder des STURP zu dem Schluß kommen ließ, es sei ›menschliches Blut vorhanden‹. Mittels derselben Testergebnisse könnte ich aufzeigen, daß Jesus Christus kein Mensch war, sondern eine hübsche grüne Topfpflanze.«

Mag sein. Chlorophyll enthält Porphyrine, Jesus hatte also grünes Blut. Widmen wir uns nun den Pollen – unser Freund Henri hat noch weitere Enthüllungen dieser Klasse auf Lager ... Es gibt nämlich überhaupt keine Pollen! Warum? Weil Max Frei, der Direktor des Wissenschaftlichen Dienstes der Zürcher Stadtpolizei, bereits in Rente war, als er von seinem

Fund berichtete. Daß er vor der Veröffentlichung seiner Ergebnisse in einer Fachzeitschrift verstorben ist, dient Broch, dem glühenden Anhänger der Kunst des Zweifels, als Beweis, daß Frei entweder verkalkt, krankhaft verlogen oder ein Betrüger war: »Kein anderer Wissenschaftler mit zwei zusätzlichen Probesätzen auf Klebeband hat die Pollen entdecken können, den Frei gefunden haben will.«

Wohlgemerkt, unser Skeptiker schreibt dies im Jahr 2001. Damals hatte Professor Danin von der Hebräischen Universität Jerusalem bereits die Bestätigung der Forschungsarbeiten Max Freis veröffentlicht und mit den vergleichenden Untersuchungen der Pollen auf dem Schweißtuch von Oviedo begonnen.

Ein paar Seiten weiter wirft Henri Broch den Forschern des STURP vor, daß vierzig der einundvierzig Wissenschaftler Christen sind und somit parteiisch sein könnten, wenn es um die Authentizität des Tuches geht, das möglicherweise den Gottessohn eingehüllt hat. Da er die Ergebnisse Avinoam Danins schlecht darauf zurückführen kann, daß dieser Jude ist, geht Broch lieber stillschweigend darüber hinweg.

Ich könnte Brochs Methode noch lange sezieren, doch ich habe einen Genforscher in einer Bar zurückgelassen, der auf das Ende dieses Kapitels wartet, um seine weiteren Entdeckungen mitzuteilen. Gehen wir daher gleich zur Danksagung über. Im Zuge einer Konferenz zum Thema »Der Schwindel um das Heilige Schweißtuch«, die ihm bösartige Angriffe argloser Pfaffen eingebracht hat, berichtet Henri Broch von einem Abt aus Nizza, der angeblich zu ihm gesagt hat: »Danke, daß Sie die katholische Kirche entstaubt haben!« Ganz begeistert von dem Bild des seelsorgerischen Staubsaugers, beschließt Broch seinen Text zum Grabtuch, indem er sich die Datierung mit Kohlenstoff 14 auf die Fahnen schreibt, als wäre diese immer noch höchst aktuell: »Seit jenem denkwürdigen Datum erwarte ich voller Ungeduld die Glückwunsch- und Entschuldigungsschreiben, welche die großen erzürnten Geister in Anbetracht der ausgeprägten geistigen und moralischen Strenge, die sie sich zugute halten, unweigerlich an mich richten müßten, um mir von ihren Fehlern bei der Analyse zu berichten, vor allem aber von ihren Gewissensbissen und ihrem Schmerz darüber, daß sie mich verunglimpft und den ersten von vielen Tonnen Steinen geworfen haben. Ich warte noch immer ...«

Man sollte zumindest die Hartnäckigkeit dieses Mannes hervorheben. Bei so vielen Auslassungen und so wenigen Argumenten bedarf es schon einer gehörigen Portion Mut, um so weiterzumachen wie Monsieur Broch, doch seine Methode schützt ihn ja. Lächerlichkeit kann tödlich sein, doch oft kommt dabei nicht der Verursacher zu Schaden, sondern die Zielscheibe.

Übrigens hätte unser Skeptiker aus Nizza im Prinzip nur zu gern das Rezept seines »Grabtuchs à la Broch« vor Yves Boissets Kamera praktiziert. Einzige Bedingung für die Vorführung seiner Fälschung auf Canal +: eine Spende für sein Labor. Unser Produzent, Philippe Alfonsi, wollte dem nicht nachkommen, weniger aus Gründen der Sparsamkeit als vielmehr aus einer ethischen Überlegung heraus, daß die wirksamste Methode, sich gegen die »Kräfte des Aberglaubens« zur Wehr zu setzen, nicht diejenige ist, »mit seinem Skeptizismus Handel zu treiben«. Daher zeigte in unserem Film ein italienischer Schüler Henri Brochs, Doktor Luigi Garlaschelli, Chemiker an der Universität Pavia, wie man einen Gesichtsabdruck von einem Basrelief auf ein Tuch produziert – nicht sehr überzeugend, dafür gratis.

Zufall oder gezielter Gegenangriff? Im Juli 2005, kurz nachdem bekannt wurde, daß wir einen Film zum Thema drehen, erscheint in der Zeitschrift *Science et Vie* ein Bericht, dem eine riesige Werbekampagne vorausgeht: Dem Magazin soll es gelungen sein, ein echtes falsches Grabtuch herzustellen, das »zu hundert Prozent mit dem Original übereinstimmt«. Mit diesen Worten beschreibt es Paul-Éric Blanrue, der fotogene Historiker, der sich auf sechzehn Seiten unter dem Titel »Wenn die Passion die Wissenschaft übermannt« zu diesem Thema auslassen darf. Sturm im Weihwasserbecken oder nur eine leere Blase im Sommerloch? Das Echo in der Pariser Presse ist fantastisch, von einem »Höllenscoop« ist da die Rede. Tatsächlich aber handelt es sich lediglich um einen einseitigen Artikel voller Ungenauigkeiten und Ausklammerungen, der die oben ausgeführten Theorien von Broch wieder aufwärmt. Als Sommer-Gimmick für die Leserschaft: der x-te Aufguß eines Flachreliefs, auf das ein feuchtes Leintuch gelegt und dann mit roter Farbe betupft wird – das alte Rezept des Zauberers Joe Nickell also, zur Feier des Tages aufgemotzt von einem Marseiller Arzt, Doktor Jacques di Costanzo. »Das Ergebnis ist ganz einfach überraschend und sehr, sehr überzeugend«, beglückwünscht sich die Redaktion. Der Leser kann nach Aktenlage entscheiden: Es handelt sich um eine Art Kinderzeichnung, die, als Negativ aufgezogen, eine Ahnung von einem Relief geben. Was für ein Scoop!

Was mich persönlich am meisten daran ärgert, ist nicht so sehr die ungewöhnliche Parteilichkeit des Magazins, das ich ansonsten sehr schätze, nein, es ist vielmehr sein Mangel an Ehrgeiz. Wann wird endlich einmal ein Wissenschaftler, der seinem Namen wirklich Ehre macht, hergehen und sich tatsächlich mit dem Problem befassen? Anstatt unermüdlich große rostfleckige Köpfe abzudrucken, könnte doch einmal jemand sich an einer zufriedenstellenden Ganzkörperdarstellung dieser Abbildung versuchen, die ein unbekannter Fälscher im Mittelalter hergestellt haben soll. Für unseren Film haben wir vergeblich nach einem Künstler gesucht, der mit den technischen Mitteln von heute und den im Mittelalter zur Verfügung stehenden Materialien eine *echte* Kopie des Abbilds auf dem Grabtuch mit seinen besonderen Eigenschaften erstellt hätte. Ich denke mir, daß *Science et Vie* sich ebensosehr bemüht hat wie wir. Doch wir waren nicht so dreist, unsere Ergebnisse derart aufzublasen und das Artefakt von Professor Garlaschelli (dem von Doktor di Constanzo vergleichbar) als hundertprozentig mit dem Original identisch zu bezeichnen. Man schärft nicht unbedingt die kritische Wahrnehmung der Leute, indem man sie für dumm verkauft.

Von den spärlichen Informationen, die den Artikel in *Science et Vie* auszeichnen, läßt sich vielleicht der Laie täuschen, doch sie versetzen jeden, der sich ein wenig mit der Materie auskennt, in Erstaunen. Ein Beispiel gefällig? »Die Entdeckung der Blutgruppe AB auf dem Schweißtuch durch den Italiener Baima Bollone von der Universität Turin in den neunziger Jahren kann nicht ernst genommen werden, da sie niemals veröffentlicht wurde.« Ach so? Man braucht nur einen Blick in die *Hundertundeine Frage zum Heiligen Schweißtuch* zu werfen, eines der Werke Professor Baima Bollones, das auf französisch bei den Éditions Saint-Augustin erschienen ist, und schon stößt man auf seine kompletten Untersuchungsergebnisse des Blutes, versehen mit einem Kommentar fürs breite Publikum, außerdem auf Hinweise zu den wissenschaftlichen Artikeln, die er dem Thema gewidmet hat.

Doch anstatt die Ergebnisse eines Gerichtsmediziners, der sich dreißig Jahre mit dem Blut auf dem Grabtuch beschäftigt hat, zu referieren oder ihnen bei Bedarf auch zu widersprechen, zieht *Science et Vie* lieber die Meinung eines Experten vom Nationalrat für Verkehrssicherheit hinzu. Letzterer, ein gewisser Professor Claude Got, findet, daß die Wunden des Mannes auf dem Grabtuch zu ungenau in Form und Farbe sind, als daß sie biologischer Natur sein könnten. Und was entgegnen uns die Leute von *Science et Vie*, als es um die Spuren der hundertzwanzig Peitschenhiebe geht, die genau die Form der Bleikugeln an den Riemen des römischen *flagrum* aufweisen? »Die Präzision der Abdrücke ist zu genau, um realistisch zu sein.«

Würden sie sich auch zu der Behauptung versteigen, der rechte Arm des Abgebildeten sei nicht etwa deshalb länger als der linke, weil dies eine Nachwirkung der Folter sei, sondern weil der schamhafte Fälscher dem Gekreuzigten ermöglichen wollte, sein Geschlechtsteil zu bedecken? O ja. So steht es nämlich neben dem Artikel in einem Kasten, in dem überdies behauptet wird,

Papst Clemens VII. habe Monsignore Pierre d'Arcis recht gegeben, als dieser die Authentizität des Grabtuchs anzweifelte und seine Verehrung verbieten wollte. Dabei verurteilte der Pontifex seinen Bischof doch in Wirklichkeit zu ewigem Schweigen, und zwar unter Androhung der Exkommunikation – eine ziemlich merkwürdige Art, seine Zustimmung auszudrücken.

Und schließlich führt *Science et Vie* Professor Marion als liebenswürdigen Gläubigen vor, wo dieser doch areligiös ist und sich seit Jahren darum bemüht, eine rationale Antwort auf die Herausforderung zu finden, welche die Passionstücher für den Verstand darstellen. Nun also wird der arme Ingenieur vom CNRS angeklagt, er habe dreisterweise seine Forschungsergebnisse in zwei populärwissenschaftlichen Zeitschriften veröffentlicht (igitt) und zugleich in seinen wissenschaftlichen Werken »allzu vorsichtige Schlußfolgerungen« gezogen.

»Es ist offensichtlich nicht leicht, sein wissenschaftliches Spezialgebiet über seinen Glauben zu stellen«, schlußfolgert der Artikel. Ersetzen Sie »Glauben« durch »Vorurteile«, und schon wissen Sie, was der Grund für diesen Schwerthieb ins Weihwasserbecken war, den Broch und seine Skeptiker bei *Science et Vie* auslösten. Im August nahm André Marion dazu im Wochenmagazin *VSD* Stellung und zeigte in einem umfassenden Bericht den aktuellen Forschungsstand bezüglich des Grabtuchs und der beiden damit verbundenen Reliquien auf, deren Existenz *Science et Vie* natürlich zu erwähnen verabsäumt hatte.

Die Reaktion der Skeptiker? Nichts als Hohngelächter. Verständlich: Was gilt einem aufgeklärten Geist schon das Sonderheft »Paranormale Phänomene« der Zeitschrift *VSD* im Vergleich zu dem prestigeträchtigeren *Science et Vie*? Moral dieser an La Fontaine gemahnenden Fabel: Wollen Sie ernst genommen werden, bringen Sie lieber Ihre Voreingenommenheiten in einem schicken Magazin zu Papier, als daß Sie Ihre Kenntnisse in einer populären Zeitschrift verbreiten.

Wie auch immer, während »aufgeklärte Geister« Basreliefs betupfen und sich wie die Schneekönige über ihre kleinen Farbspiele freuen, gehen Wissenschaftler im Schatten des Medienrummels weit gefährlicheren Forschungen nach. Was ich *Science et Vie* am meisten vorwerfe, ist, daß uns hier ein »Bitte weitergehen, es gibt nichts zu sehen« eingehämmert wird, wo es doch vielleicht viel wichtiger wäre, stehenzubleiben und das, was da geschieht, genauer zu untersuchen. Denn daß religiöse Irrläufer die »heiligen Reliquien« für ihre Zwecke benutzen könnten, wiegt weit schwerer als das, was die politisch ach so korrekten Konformisten in den Pariser Redaktionsstuben zum Kichern bringt.

Bevor wir uns wieder dem Genforscher vor seinem alkoholfreien Cocktail zuwenden, der behauptet, die genetische Identität Christi entdeckt zu haben, möchten wir ein paar statistische Betrachtungen anführen, die *Science et Vie* schamhaft verschweigt. Zu Beginn des zwanzigsten Jahrhunderts erkannte Professor Yves Delage – ein noch größerer Agnostiker als André Marion – im Laufe seiner Untersuchungen: Die Möglichkeit, daß das Grabtuch nicht dasjenige von Jesus ist (das heißt von einem Gekreuzigten mit Dornenkrone, der zuvor gegeißelt und an der Seite von einer Lanze verwundet wurde), liegt gerade mal bei eins zu zehn Milliarden. Hundert Jahre später kam der Mathematiker Bruno Barberis von der Universität Turin in Anbetracht der Entdeckungen, die in der Zwischenzeit gemacht wurden, zu dem Schluß, diese Wahrscheinlichkeit liege bei eins zu zweihundert Milliarden. Giulio Fanti von der Universität Padua dagegen sieht sogar eine Wahrscheinlichkeit von eins zu einer Zehn mit hundert Nullen!

Wenn das Wort zu Fleisch wurde, dann wird heute das Fleisch zu Zahlen. Ausgehend von derartigen Statistiken und in Anbetracht der »an ein Wunder grenzenden« Konservierung des Blutes auf den drei Reliquien, haben einige Leute die Wahrscheinlichkeitsrechnung für bare Münze genommen und daraus geschlossen, daß bei dem heutigen Stand der Molekulargenetik die angekündigte Rückkehr des Messias mittels Klonens erfolgen müsse.

Als ich 2004 *Das Evangelium nach Jimmy* schrieb, wußte ich nicht, wie nahe Romanidee und Realität beieinanderlagen.

Genetik des Grals (Fortsetzung)

Kehren wir in die Hotelbar zurück, in der Professor Lucotte gerade seinen dritten schirmchengeschmückten Cocktail in Angriff nimmt und mir die Bedingungen erläutert, unter denen er zum Entdecker der DNA des vermeintlichen Messias wurde.

»Meine Frau stammt aus Argenteuil. Sie erzählte mir von der in der Basilika verwahrten Tunika, doch ich habe damals nur halb hingehört. Wissen Sie, ich wurde zwar als Christ erzogen, habe mich dann aber von der Kirche abgewandt. Ich wäre ja heute gern gläubig, doch so ist es nun einmal, jeder führt sein eigenes Leben: Ich habe immer nur gearbeitet. Eines Tages …«

Er unterbricht und nimmt einen Schluck, mit leuchtenden Augen läßt er einen gespannten Blick durch den Raum schweifen, schnalzt mit der Zunge, bestellt Erdnüsse und wendet sich dann wieder mir zu.

»Eines Tages also bittet mich meine Schwägerin, Pate ihrer Tochter zu werden. Nach der Taufe wechsle ich ein paar Worte mit dem Pfarrer. Ich erkundige mich nach der Reliquie und will wissen, ob Blutflecken darauf sind. Er nickt. Das interessiert mich, sage ich zu ihm und frage, ob ich sie untersuchen dürfe. Aber gern, antwortet er, allerdings sei es ein historisches Dokument – ich bräuchte daher eine Genehmigung des Kultusministeriums. In der Woche darauf lasse ich mir einen Termin bei dem Verantwortlichen geben, kehre mit meiner Genehmigung zur Basilika zurück, und schon öffnet der Geistliche sein Reliquiar, und ich habe die berühmte Tunika vor mir, ganz schlicht und tatsächlich blutbefleckt.«

Er atmet tief ein, hält die Luft an und nickt.

»Und dann?«

»Dann habe ich sie gewaschen.«

»Wie bitte?«

Er leert sein Glas.

»So nennen wir das im Wissenschaftsjargon. Ich habe mit einer Substanz die Proteine im Blut fixiert, dann alles in ein Röhrchen gefüllt und ins Labor gebracht, um die DNA herauszufiltern. Fünf Mikrogramm kamen dabei heraus. Ich multiplizierte sie mittels molakularer Hybridisierung und verbesserte das Ergebnis zehn Jahre später mit Hilfe der PCR, der polymeren Kettenreaktion, die gerade erfunden worden war. Zum Glück hatte ich das Material geklont, um mir eine Bank zu erstellen.«

All dies berichtet er in beiläufigem Ton und mit unbeteiligtem Gesichtsausdruck, so als müsse er eventuell in der Bar versteckte Spione täuschen. Mit trockener Kehle frage ich ihn:

»*Was genau* haben Sie geklont?«

»Die Fragmente der DNA. Ich habe mir einen Vorrat zugelegt, wenn Sie so wollen, zwecks weiterer Untersuchungen. Ich habe sie an drei verschiedenen Stellen eingelagert: am Institut Pasteur, bei einer amerikanischen Bank und an einem Ort, den ich geheimhalte.«

»Wie konserviert man denn DNA?«

»Bei vier Grad. Als gefriergetrocknete Substanz, die bei der Genmanipulation wieder flüssig gemacht wird.«

Verblüfft starre ich den Mann an, der seit zwanzig Jahren die Gene von Jesus Christus in seinem Kühlschrank aufbewahrt. Ich frage ihn, wer darüber Bescheid weiß.

»Niemand. Die Techniker, die an der Extraktion und der Sequenzierung beteiligt waren, wußten nicht, woran sie da arbeiteten. Ich schmuggelte ihnen Argenteuil zwischen die Proben von Parkinson oder Muskelschwund. Bis heute habe ich mein Geheimnis gewahrt.«

»Und warum weihen Sie ausgerechnet mich ein?«

Er blickt mir ins Gesicht.

»Weil die Zeit reif ist, um mit der Sache an die Öffentlichkeit zu gehen. In wissenschaftlicher Hinsicht weiß ich, wo und wie ich sie veröffentlichen muß, doch ansonsten ... Sie haben das Thema bereits in einem Roman behandelt – Sie wissen, welche Kräfte da am Wirken sind. Die Konsequenzen, die das Ganze in den Medien, auf menschlicher und religiöser Ebene haben wird, sind gigantisch! Ich weiß nicht, wie ich damit umgehen soll, man wird mich von allen Seiten angreifen, und ich werde eine Menge eingespielter Strukturen in Frage stellen: Ich will das nicht irgendwie angehen und brauche daher Ihre Beratung.«

Ich schlucke, mache ein zugleich bescheidenes und vertrauenswürdiges Gesicht und frage ihn nach der Tragweite seiner Ergebnisse.

»Zunächst bestätigen sie die Blutgruppe: AB. Heute am seltensten – nur zwei Prozent der Weltbevölkerung haben sie. Und Sie wissen, was das bedeutet. Jesus, sollte er das sein, hat zwangsläufig eine Mutter mit der Blutgruppe A und einen Vater mit B oder umgekehrt. Joseph ist sein biologischer Vater, und Maria war keine Jungfrau.«

»Ich habe aber gelesen, daß sehr altes Blut dazu tendiert, sich zur Blutgruppe AB zu entwickeln«, wende ich ein.

»Das ist falsch. Sofern sich Blut im Lauf der Zeit verändert, verliert es lediglich die Eigenschaften, die eine verfeinerte Analyse gestatten, und tendiert daher zur Blutgruppe 0. Dieses Gerücht wurde zur Verbreitung der These gestreut, das Blut auf den Tüchern von Argenteuil, Turin und Oviedo sei nicht deshalb identisch, weil es von demselben Menschen stamme, sondern weil es sehr alt sei. Glauben Sie mir: Bevor ich mich dazu entschloß, die Wahrheit zu veröffentlichen, habe ich mich sehr genau über die Lügen informiert, die so im Umlauf sind, damit ich wußte, worauf ich mich da einließ.«

»Und was verrät uns seine DNA?«

Er stützt den Ellbogen auf den Tisch, hebt die Faust an und öffnet sie dann Finger um Finger. Mit kaum hörbarer Stimme zählt er auf: »Es ist ein Mann. Ein ganz gewöhnlicher Mann, mit X- und Y-Chromosomen. Er ist weder Afrikaner noch Asiate, sondern kaukasischer Herkunft. Ein Weißer. Er hat keine roten Haare – sonst würde er spezifische Marker aufweisen. Er hat auch keine blauen Augen. Ich habe seine Haplotypen des Y-Chromosoms mit meiner Sammlung alter semitischer DNAs verglichen: Er ist Jude. Und er ist Träger des FMF, des familiären Mittelmeerfiebers. Heutzutage höchst selten, in den ersten Jahrhunderten der Zeitenwende in Palästina aber weit verbreitet; dabei kommt es zu häufigen Fieberschüben und in einem späten Stadium zu Nierenkomplikationen. Man behandelte es mit Kolchizin. Er hat keine Symptome entwickelt, konnte die Krankheit aber übertragen.« Der Genforscher betrachtet die Orangenscheibe auf dem Grund seines Cocktailglases und murmelt in einem Anflug von Wehmut: »Zumindest haben wir eins gemeinsam, Jesus und ich.«

»Was denn?«

»Ich nehme auch Kolchizin. Wegen der Gicht.«

Ich lasse ein paar Sekunden vestreichen und fasse dann zusammen: »Er weist also alle Eigenschaften eines normalen Mannes auf?«

»Alle. Eines normalen Mannes, den man stundenlang foltert, der stirbt und dann in seinem Grabtuch zu Staub zerfällt.«

Er greift nach seiner Mappe und öffnet sie. Während er die Dokumente, die er mir gezeigt hat, wieder einsteckt, fügt er, ohne mich anzusehen, hinzu: »Zumindest, wenn André Marion, Avinoam Danin und die anderen recht haben. Wenn es tatsächlich derselbe Mann ist, der mit seinem Blut die verschiedenen Tücher getränkt hat. Und darüber werde ich bald Gewißheit haben.«

»Wie denn?«

»Ich habe einen Antrag gestellt, um eine Blutprobe vom Turiner Grabtuch zu bekommen und sie mit der DNA auf der Tunika von Argenteuil zu vergleichen. Jetzt warte ich. Ich halte Sie auf dem laufenden.«

Ich strecke die Hand nach der Rechnung aus, doch er kommt mir zuvor und nimmt das Tellerchen an sich.

»Was ist es, das Sie seit zwanzig Jahren motiviert, Professor Lucotte?«

Ohne Hast zieht er seine Brieftasche heraus und antwortet mit dem gelassenen Ernst eines Menschen, der sich entschieden hat, einer Sache, deren Tragweite nicht abzusehen ist, auf den Grund zu gehen:

»Ich will anhand seines Blutes verstehen, was für eine genetische Botschaft er uns übermittelt. Das nämlich ist die wahre Gralssuche. Verstehen. Die Tafelrunde, das ist heute ein Labor. Und deshalb braucht es Menschen wie Sie. Marion und ich sind die alten, erschöpften Ritter, die sich abrackern, um die Indizien zu finden. Der Ritter vom Bild und der Ritter vom Blut. Und Sie wären Ritter Gavin, der Erzähler. Doch überlegen Sie, bevor Sie annehmen: Sie müssen sich da auf ganz schön was gefaßt machen. Man hat alles versucht, um Marions Werke zu unterdrücken, und meine sind noch nicht bekannt. Und was Sie betrifft, so werden Ihnen Ihre Leser bestimmt nichts durchgehen lassen!«

Angst habe ich keine, erwidere ich ganz nüchtern, mein Bereich sei das Imaginäre, nichts könne mich aufhalten, aber ich ließe mich von niemandem vereinnahmen.

»Sie werden sehen«, lächelt er nachsichtig. »Nur Leute, die niemanden belästigen, sind verloren. Der Gedanke, gleichzeitig sowohl von Gläubigen wie von Skeptikern angegriffen zu werden, macht Ihnen nichts aus?«

»Nein. Was Sie erlebt haben, möchte ich gerne berichten, aber ich werde mich nicht zu Ihrem Sprachrohr machen. Wenn zum Beispiel ein Betrug dabei herauskommt ...«

»Was für einer?« schreckt er in einem neuerlichen Anflug von Mißtrauen auf.

»Wenn sich herausstellt, daß es sich nicht um ein und denselben Menschen handelt und schon gar nicht um Jesus, werde ich das sagen.«

Er legt die Mappe auf die Knie und senkt den Blick. Der stattliche Fünfzigjährige wird wieder zu dem enttäuschten Kind, das er vor fünfzig Jahren einmal gewesen sein muß. Der Nestor der Neurogenetik ist jetzt nur noch ein trotziger kleiner Junge, der nicht wahrhaben will, daß das Leben Gewißheiten in Illusionen verwandelt. Mit sehnsuchtsvoll verhangener Stimme murmelt er: »Ich möchte so gern daran glauben. Doch ich fürchte, der Himmel ist leer, nach dem Tod kommt nichts mehr, und Gott ist nur eine Gleichung ohne Ergebnis. Sollten wir es tatsächlich mit Jesus zu tun haben, so ist jedenfalls nichts Göttliches in seinen Genen. Es sei denn ...«

Er schaut mich an. Ich lese darin, wie der Satz weitergeht, lese es in dem hoffnungsvollen Schimmer in seinen traurigen Augen: Es sei denn, der Glaube dieses ganz gewöhnlichen Mannes, den Tausende von Anhängern und Zeugen weitergegeben haben, wäre imstande, »die Materie mit neuer Information zu versehen«, um die Worte des Theologen Claude Tresmontant zu zitieren,[31] und »das, was durcheinandergeraten ist, neu zu sortieren«. Sollte jeder von uns die Mittel besitzen, um den Tod zu besiegen und Grenzen zu überschreiten, welche die Angst uns auferlegt?

Gott ist Mensch geworden, um die Sünde des Menschen von ihm zu nehmen, heißt es im Neuen Testament, doch welche Sünde? Die Ursünde, wie man sie uns beigebracht hat, ist eine Fehlübersetzung des heiligen Augustinus. Als er den Römerbrief des Paulus aus dem Griechischen ins Lateinische übersetzte, irrte er sich im Relativpronomen.[32] Im Originaltext ist es der Tod, der durch Adams Sünde vererbt wird, nicht die Sünde selbst. Es handelt sich also nicht um die automatische Weitergabe eines Vergehens an unschuldige Generationen, eine mit der göttlichen Liebe nicht in Einklang zu bringende Absurdität, sondern einfach um das Bewußtsein des Todes als Endpunkt.

Und wenn die Passionstücher nun eine Art Postskriptum sind? Eine dreiteilige Erinnerung an die entscheidende Botschaft des Neuen Testaments: Die Liebe ist die einzige Kraft, die den Tod überwindet – *Transzendenz* im etymologischen Sinn des Wortes. Jegliche Energie verwandelt sich: das Licht in Elektrizität, Elektrizität in Bewegung, Bewegung in Wärme ... Wenn der Gedanke eine besondere Form der Energie ist, dann ist die Liebe seine eindrucksvollste Erscheinungsform. Doch für jede Umwandlung von Energie ist eine Maschine nötig. Der Biologe und Physiker Louis-Marie Vincent erklärt in diesem Zusammenhang: »Ich frage mich, ob der Mensch nicht die Maschine ist, die Liebe in eine andere Energieform umwandelt.«[33]

Vielleicht stellen die drei Reliquien in dem Fall die Gebrauchsanweisung dar?

Fälscher dringend gesucht!

Bevor wir uns eingehend der schwindelerregenden Hypothese widmen, auf die ich durch die Forschungsergebnisse Professor Lucottes gekommen bin, sollten wir uns nochmals fragen, ob die DNA in seinem Kühlschrank nicht doch die eines Gefolterten aus dem Mittelalter ist.

Der Leser wird, wie ich selbst, ziemlich erstaunt gewesen sein, wie dürftig und unwahrscheinlich die Argumente sind, welche die Anhänger des unbekannten Fälschers im Namen der Vernunft vor sich hertragen. Doch wir brauchen uns nicht bei den Leichtfertigkeiten eines McCrone, eines Broch oder Blanrue aufzuhalten, die *Science et Vie* in bester populärwissenschaftlicher Tradition à la *Yps* ausbreiten. Andere Forscher haben auf die These von einem Wunder mit weit überzeugenderen, originelleren oder auch verrückteren Theorien reagiert.

Beginnen wir bei der Erklärung, hier sei Übersinnliches im Spiel, die in schöner Regelmäßigkeit in der Presse auftaucht. Unser Fälscher kann nur ein absolutes Genie sein. Ein Eingeweihter? Fein, dann handelt es sich also zwangsläufig um Leonardo da Vinci, und sein Werk ist ein »Selbstbildnis in christusähnlicher Stellung«, was die Anwendung des berühmten *sfumato* beweist, jener Technik der verwischten Konturen, welche er ganz besonders schätzte und die durch das Prinzip der Fotografie noch verbessert wurde, welche er ebenso erfunden haben soll wie den Helikopter oder das Maschinengewehr. Lynn Picknett, eine der englischen Autoren, die diese These verteidigen,[34] weiß es mit Sicherheit, denn Leonardo da Vinci hat ihr per *écriture automatique* seine Autorschaft bestätigt. Unwesentliches Detail am Rande: Der gute Leonardo scheint bei der Übermittlung vergessen zu haben, daß er erst hundert Jahre nachdem das Grabtuch zum erstenmal in Lirey in der Champagne gezeigt wurde, zur Welt gekommen ist.

Betrachten wir nun, da wir diese falsche Spur getrost abhaken können, was uns die Forscher sonst noch als Ingredienzien zur Herstellung eines Grabtuchs vorschlagen: Bitumen aus Judäa, Magensäure eines Wiederkäuers in Verbindung mit Kupfer oder auch, für die Anhänger eines natürlichen Abdrucks ohne Eingriff eines Künstlers, die Ammoniakdämpfe des in Schweiß und Blut enthaltenen Harnstoffs. Es war sogar die Rede davon, daß das Tuch »von Inkontinenzen während der Pestepidemie verunreinigt« worden sei.

Eine ernsthaftere Hypothese liefern die Forscher Volckringer, Pellicori und Ribay, denen zufolge der Abdruck auf dem Grabtuch wie bei einem Herbarium entstanden sein soll: durch eine zur Zersetzung der Cellulose führende Oxydation. Tatsächlich haben Experimente gezeigt, daß Pflanzen, die man zwischen zwei Leintücher preßt, eine Spur hinterlassen, die in ihrer Art dem Abbild auf dem Grabtuch ähnelt. Allerdings durchdringen solche Spuren den Stoff, während der Körper des Gefolterten sich nur auf der Oberfläche und einigen wenigen Fasern abzeichnet. Da keiner dieser Versuche einer vergleichenden Untersuchung standhält, müssen wir anderswo nach einer Erklärung suchen.

Eine der verführerischsten Hypothesen stammt von François Brune, dem unermüdlichen Erforscher der wahren und der falschen Wunder, dem leidenschaftlichen Anhänger wissenschaftlicher Erklärungsmodelle für das Unerklärliche. In einem seiner jüngeren Werke enthüllt er, seit 1999 habe man in über hundert Experimenten versucht, das Bildnis auf dem Grabtuch auf ein bislang völlig vernachlässigtes Phänomen zurückzuführen: seismologische Energie.[35]

Italienische Forscher besannen sich darauf, daß im Matthäus-Evangelium von zwei heftigen Erschütterungen die Rede ist, das eine Mal beim Tod Christi, das zweite Mal, als die heiligen Frauen zum Grab kommen.

Und so verteilten sie in einer Höhle im östlichen Piemont, einer leicht erdbebengefährdeten Region, mehrere Objekte und schlugen sie in Leintücher ein. Zu ihrer großen Überraschung fanden sie am nächsten Morgen nach einem Erdbeben durch orthogonale Projektion verursachte oberflächliche Abbildungen dieser Gegenstände auf beiden Seiten der Tücher – zwei der wichtigsten Charakteristika des Turiner Grabtuchs. Außerdem ließ sich das Experiment wiederholen, allerdings unter einer Bedingung: Die Tücher mußten mit Aloe getränkt sein, jener Substanz, mit der Leichen einbalsamiert wurden und die sich auch auf dem Turiner Grabtuch findet. Das himmlische Wunder wäre demnach nur die Folge eines Erdbebens? Leider waren die Gegenstände in dem Leintuch nicht so freundlich, sich auch noch zu zersetzen.

Doch für eine natürliche Erklärung der Dinge interessieren sich die Skeptiker ohnehin nicht: Lieber klammern sie sich hartnäckig an ihre Theorie vom mittelalterlichen Fälscher. Nun gut. Dann will ich mal ein bißchen Öl ins Feuer gießen.

Versuchen wir, den Steckbrief dieses Fälschers zu entwerfen. Es ist ein großer Künstler mit – für seine Zeit – erstaunlichen medizinischen Kenntnissen. Er ist ein Henkersknecht oder zumindest ein skrupelloser Regisseur, der die in den Evangelien beschriebenen Qualen in Szene setzt. Er kennt eine Methode – die seitdem nie wieder erforscht wurde –, mit der ein Körper, der dreißig Stunden lang in einem Tuch gelegen hat, aus diesem entfernt werden kann, ohne das geringste Anzeichen für Blutgerinnung zu hinterlassen. Außerdem hat er, fünf Jahrhunderte vor Nicéphore Niepce, die Fotografie erfunden, doch er hütet sich, diese Entdeckung zu Geld zu machen, denn er ist bescheiden und uneigennützig. Sein einziges Ziel ist es, die weisen Männer künftiger Generationen davon zu überzeugen, daß Jesus auf wunderbare Weise aus seinem Grabtuch verschwunden ist.

Deshalb fügt er auch weitere Details hinzu, die seine Zeitgenossen nur übersehen konnten – etwa die Retraktion der Daumen, eine physiologische Folge der Kreuzigung an den Handgelenken, die erst mit den Negativen von 1898 sichtbar wurde. Und er erfindet ein Verfahren, mit dem man *nach* dem Abdruck des blutenden Körpers ein dreidimensionales, hauchdünnes Bild durch Oxydation von Cellulose erstellen kann. Überdies ist er weit gereist und hat großartige Visionen, denn er sieht voraus, daß eines Tages das Elektronenmikroskop erdacht wird, und sammelt daher bestimmte Pollen, am Toten Meer, in der Türkei und in Griechenland, just auf jener Route also, die die Reliquie genommen hätte, wäre sie authentisch.

Kurzum, wir haben hier »den größten Gelehrten aller Zeiten« vor uns, »denn seit neunzig Jahren gelingt es einem beträchtlichen Teil der Wissenschaftsgemeinschaft nicht, es ihm gleichzutun«, resümiert Arnaud-Aaron Upinsky.[36] Für diesen Mathematiker und Erkenntnistheoretiker, 1993 mit der Überwachung des wissenschaftlichen Symposiums in Rom beauftragt, läßt das Zusammentreffen all dieser verschlüsselten, für künftige Generationen bestimmten Informationen nur einen Schluß zu: »Das Grabtuch ist gewissermaßen ein filmischer Abdruck eines reellen Geschehens und nicht eines künstlichen Täuschungsmanövers.«

Ich hätte noch einen anderen Vorschlag. Das Bild, das demjenigen auf dem Grabtuch am nächsten kommt, sowohl von der Farbe her als auch von der nur oberflächlichen Intensität des Bildnisses, stammt aus dem Jahr 1989. Es wurde von Jean-Baptiste Rinaudo, Professor für Atomphysik an der Universität von Montpellier, hergestellt, indem er in einem Teilchenbeschleuniger ein Tuch aus altägyptischer Zeit mit Protonen bombardierte. Im nächsten Kapitel werde ich auf diese unglaublichen Forschungen zurückkommen, doch bereits jetzt stellt sich eine entscheidende Frage: Hatten die Wissenschaftler während der 1978 vom STURP und von der NASA durchgeführten Untersuchungen die Möglichkeit, die Eigenschaften, die sie dem Grabtuch zuschrieben, künstlich zu erschaffen? Denn wenn letzteres tatsächlich eine Fälschung ist – und ich finde es erstaunlich, daß noch nie einer der

Skeptiker diese Hypothese aufgestellt hat –, so ist es eine wiederholte Fälschung.

Der Chemiker Garlaschelli hat mich unfreiwillig auf diese Spur gesetzt, indem er in unserem Film immer wieder betonte, daß das aus den Wunden austretende Blut beinahe sofort dunkel wird: Dasjenige, das heute auf dem Grabtuch zu sehen ist, wirkt seiner Meinung nach zu hell, zu rot und zu frisch, um tatsächlich aus dem ersten Jahrhundert zu stammen – oder aus dem vierzehnten. Wenn man die Hypothese ausschließt, daß wir es hier mit einem Wunder zu tun haben oder daß das Blut, bedingt durch die Konservierung mit Myrrhe und Aloe, sich ungewöhnlich gut erhalten hat, bedeutet dies, daß das Blut auf dem Grabtuch seit 1978 frisches Blut ist, das vor jeder gerichtsmedizinischen Untersuchung neu aufgetragen wurde.

Betrachten wir noch einmal die zeitlichen Abläufe. Sofern die Radiokarbondatierung stimmt, verschafft sich irgend jemand im vierzehnten Jahrhundert ein Leintuch, in das er den Leichnam eines Zeitgenossen wickelt, nachdem er ihn gegeißelt, ihm eine Dornenkrone aufgesetzt und mit einer Lanze die Seite durchbohrt hat. Dieser erste Fälscher hat vermutlich mehrere Versuchspersonen gebraucht, denn der einzige logische Grund dafür, daß er seinen Jesus künstlich an den Handgelenken gekreuzigt hat – womit er gegen die religiöse Ikonographie verstieß, die er ansonsten so getreulich befolgte –, ist, daß es nicht funktionierte, wenn er ihm die Nägel in die Handflächen trieb: Die Hände wären unter dem Gewicht des Körpers abgerissen, und der Gefolterte wäre auf die Nase gefallen.

Diesem Abschnitt über das professionelle Gebaren des sogenannten Fälschers sei noch hinzugefügt, daß er darauf achtete, mit Teerharz die Brandlöcher in L-Form zu imitieren, wie sie auf dem Codex Pray zu sehen sind. Diese Miniatur, die ein im Fischgrätmuster gewebtes Grabtuch aus der Zeit zwischen 1150 und 1195 zeigt, muß unserer Hypothese zufolge sein Vorbild gewesen sein: Damals existierte in Konstantinopel bereits ein Grabtuch Christi – vielleicht auch dies eine Fälschung –, eine Art »Nullnummer«, der eine glorreiche Zukunft beschieden schien.

Hier nun endet die Mission des mittelalterlichen Fälschers: Kein Gelehrter seiner Zeit besitzt die Mittel, um sein Werk in Zweifel zu ziehen.

Irgendwann wird die Fotografie erfunden. Diejenigen, die durchsetzen möchten, daß es sich hier um eine wundertätige Reliquie handelt, greifen demnach auf eine zweite Fälschung zurück, um durch das Unmögliche den Beweis zu erbringen. Man wechselt also das Tuch aus und macht sich daran, einen weiteren Doppelgänger Jesu zu kreuzigen und all die Eigenschaften der vorhergehenden Version zu kopieren: die Brandstellen durch das Räuchergefäß, die Spuren des silbernen

Reliquiars, das bei dem Brand von 1532 geschmolzen ist, die Flecken von Überschwemmungen ... Man zieht dem Opfer die Nägel heraus und bettet es in ein Grabtuch, das vorher mit Silbersulfat getränkt wurde und nun als Fotoplatte für den Negativ-Abdruck des Körpers dient.[37] Anschließend wird ein über jeden Verdacht erhabener Advokat gebeten, das aktualisierte Grabtuch zu fotografieren. Da das Negativ eines Negativs ein Positiv ergibt, scheint die den Wissenschaftlern und den Idioten zum Fraß vorgeworfene Reliquie tatsächlich wundersame Eigenschaften zu besitzen. Bislang sah man lediglich ein undeutliches, ausdrucksloses Bild: Jetzt gibt die schwarzweiße Umkehrversion, bei der auch rechts und links vertauscht sind, den Gesichtsausdruck des Abgebildeten und die tatsächliche Position der Wunden wieder.

Doch die Sache wird immer verzwickter: Der Erfolg des Betrugs und das wachsende Interesse der Gelehrten verlangen ständig nach technischen Verbesserungen. Unter der Aufsicht des Experten Max Frei wird das Grabtuch mit Pollen bestäubt, die typisch sind für den Vorderen Orient, zum Beispiel von *gundelia tournefortii*, das nur in der Wüste vorkommt, und von *hyosycamus aureus*, das man im Frühling auf den alten Stadtmauern Jerusalems findet. Dann, als Vorspiel auf die Untersuchungen des STURP im Jahr 1978, wird ein neues High-Tech-Grabtuch erstellt, das neben den

Eigenschaften seines Vorgängers auch folgende Charakteristika aufweist: Der Abdruck erfolgt ohne Kontakt (dreißig Stunden altes Blut, das keine Gerinnungsspuren hinterläßt, wenn der Körper vom Tuch getrennt wird), ist dreidimensional (was die NASA mittels ihres VP8 entdecken wird, eines Geräts, mit dem Fotos aus dem Weltall bearbeitet werden), eine Celluloseoxydation hat in einem Bereich von vierzig Mikrometern stattgefunden (mit Hilfe eines Teilchenbeschleunigers durchgeführt), außerdem Untertitel auf griechisch und lateinisch, die bestätigen, daß es sich hier um Jesus Christus handelt.

Doch dieses gigantisches Unterfangen der »Neuformatierung« beschränkt sich nicht auf den italienischen Markt und auch nicht auf das Grabtuch allein. Seit 1932 bastelt man im Labor an einer Tunika von Argenteuil, damit später auf Infrarotfotografien das Vorhandensein von Blut derselben Blutgruppe, AB, festgestellt werden kann. In den achtziger Jahren wird sodann im Hinblick auf die Untersuchungen André Marions am Institut d'Optique d'Orsay eine ausgefeilte Kartographie der Wunden eingearbeitet, die exakt dem Turiner Grabtuch entspricht.

Und Gérard Lucotte sorgt schließlich dafür, daß eine DNA hinzugefügt wird, deren Marker mit denen der jüdischen Bevölkerung übereinstimmen.

Auch in Spanien ist man nicht untätig: Seit die

Forscher imstande sind, sie nachzuweisen, zeigt das Schweißtuch von Oviedo siebzig Blutflecken der Blutgruppe AB, die identisch mit dem Blut auf dem Antlitz des Turiner Grabtuchs sind. Was lernen wir daraus: Je mehr die Wissenschaft voranschreitet, desto mehr perfektionieren sich auch die Reliquien, damit sie zu dritt den Beweis für die Auferstehung Jesu liefern können.

Nun aber stellt sich die Frage: Wem nützt dieser Betrug? Der Kirche? Eine seltsame Haltung: Unablässig bringt sie Dinge hervor, die das von ihr geleugnete Wunder bestätigen. Und woher rührt jene Besessenheit, immer Blut der Blutgruppe AB mit Y-Chromosomen nachzuweisen, was doch ein tödlicher Schlag für das Dogma der unbefleckten Empfängnis ist?

Es sei denn, dieses internationale Fälscher-Komplott sei das Werk mächtiger Feinde der Christenheit, die es darauf abgesehen haben, die Wissenschaftler durch ein vermeintliches Wunder anzuspornen, um sie nachher um so gründlicher verwirren zu können – doch warum machen sie dann nicht auch noch den letzten Schritt? Warum beschränken sich die Angreifer stets darauf, Kinderzeichungen zu fabrizieren und Flachreliefs in Farbe zu tunken? Warum beschäftigt sich niemand mit den wahren Ungereimtheiten des Phänomens und widmet sich, anstatt sie nur zu leugnen, einer wissenschaftlichen Analyse der Laborergebnisse jener drei *unmög-*

lichen Reliquien, die sich gegenseitig ihre Echtheit zu bestätigen scheinen?

Man könnte meinen, das endgültige Ziel sei tatsächlich die Wahrung eines Gleichgewichts zwischen Überzeugung und Zweifel, Vernunft und Glaube, Stichhaltigkeit und Mysterium.

Hiroshima im Leintuch

Das letzte Kapitel hat Sie skeptisch gemacht? Meine These vom Fälscher als Wiederholungstäter – die einzige, die etliche der festgestellten Beobachtungen berücksichtigt – kommt Ihnen unglaubwürdig vor? Na, dann herzlich willkommen im Reich des Unvorstellbaren.

Betrachten wir noch einmal die Fakten, so wie die Wissenschaftler sie beschreiben, sofern sie nicht blind, verstummt oder hysterisch geworden sind bei ihrer Weigerung, das zu sehen, was größer ist als sie selbst. Das Turiner Grabtuch hat also dreißig Stunden lang einen menschlichen Leichnam eingehüllt, das bestätigen sämtliche Blutanalysen und auch das Fehlen von Verwesungsspuren. Dann wurde dieser Leichnam aus dem Tuch gezogen, ohne daß dabei die Fasern des Gewebes oder das geronnene Blut beschädigt worden wären. Danach hat sich wie ein Fotonegativ ein flaches Bild in den Stoff eingeprägt, das aber dennoch dreidimensional ist. Es ist außerdem rechtwinklig, das heißt, es paßt sich vertikal den Blutflecken an. Und dieses Bild wurde durch eine Oxydation von Cellulose hervorgerufen, bei der sich nur einzelne Fasern an der Oberfläche rot färbten; diese Schicht ist weniger als vierzig Mikrometer dick. So weit, so gut.

Widmen wir uns zunächst dem Aspekt, es handele sich hier um ein Foto. Wie konnte dieser »Abzug« ohne Fotoapparat aufgenommen werden? Wir haben zwei Hypothesen in Betracht gezogen: Entweder haben wir es mit einem Fälscher zu tun, der im Mittelalter die Fotografie erfunden hat, oder mit einem Fälscher zweiter Hand, der sich von der Erfindung Nicéphore Niepces inspirieren ließ und im 19. Jahrhundert das Grabtuch als Negativ nachbastelte. Lassen wir diese beiden Hypothesen beiseite, weil sie unwahrscheinlich sind, was bleibt dann? Ein Leintuch, das den Film ersetzt, ein Grab, das als Gehäuse dient, Blut und Schweiß, die als Emulsion genutzt werden, und schließlich der Gekreuzigte, den man zum Fotomotiv macht. Doch ein Fotograf wird uns darauf hinweisen, daß in der Dunkelheit des Grabs das Entscheidende fehlte: der Blitz. Und damit sind wir bei dem, was die Skeptiker so sehr zum Lachen gebracht hat: dem berühmten »Blitz der Auferstehung«.

Bleiben wir ganz ruhig. Wenn wir uns an die Definition der Fachleute halten, haben wir es hier mit einem »Fotoabzug mittels Strahlung und Kontaktübertragung«[38] zu tun. Es gibt weltweit nur ein einziges Phänomen, auf das diese Beschreibung zutrifft: die beim

Abwurf der Atombombe in Hiroshima entstandenen Bilder, insbesondere jenes von dem haarfeinen Schatten des berühmten Schleusentors, das die Lichtintensität in den Zement geprägt hat. Der Fluß der mit hoher Energie geladenen Photonen hat diesen Schatten in die Mauer gebannt wie auch den von Tausenden zerfallenden Japanern, deren Silhouetten sich auf den Ruinen abzeichneten. Dieses Phänomen wird als Blitz-Photolyse bezeichnet. Ist denkbar, daß es auch auf einem Leintuch stattgefunden hat?

Dem hätte allerdings – Professor Marion hat nach einer genauen Analyse der Berechnungen der Atomforscher von Los Alamos darauf hingewiesen – die eine milliardstel Sekunde dauernde Entladung von mehreren Millionen Volt vorausgehen müssen. Die dabei entstehende Energie hätte aller Logik nach das Grabtuch und die Region um Jerusalem zerstört. Da das Licht sich mit dem Schall, der Wärme und dem Atem ausbreitet, müssen wir davon ausgehen, daß die im Innern des Tuches stattfindende Atomexplosion auf einmal unterbrochen worden wäre, und zwar in dem Augenblick, in dem der Blitz die Fasern rot färbte und sich das Bild in den Stoff prägte. Es braucht nicht extra betont zu werden, daß bei unserem heutigen Kenntnisstand eine derartige Erscheinung nicht reproduziert werden kann.

An der Wissenschaftlichen Fakultät der Universität Montpellier hat Jean-Baptiste Rinaudo die Hypothese aufgestellt, die im menschlichen Körper enthaltenen Deuteriumkerne hätten sich zersetzt, und dabei wären Protonen frei geworden, durch die schließlich das Bild entstanden sei. Noch heute führt er zur Beweisführung Versuche im Teilchenbeschleuniger durch. Das Ergebnis ist erstaunlich: Auf einem Leintuch aus dem alten Ägypten hat dieser Professor jenes Strohgelb erzeugt, das so charakteristisch für das Bild auf dem Grabtuch ist. Lichtjahre von den rostfarbenen Flecken der Nickells und Brochs dieser Welt entfernt, bildet sich tatsächlich eine vierzig Mikrometer dicke rotgefärbte Schicht! Unerwartetes Bonbon, das bei dieser Untersuchung herauskam: Bei der vergleichenden Untersuchung des ägyptischen Tuchs mittels C 14 vor und nach dem Einlegen in den Teilchenbeschleuniger unterschied sich die Datierung auf einmal um einige Jahrhunderte – eine mögliche Erklärung für die 1988 veröffentliche mittelalterliche Datierung.[39]

Ein weiterer Physiker, Eberhard Lindner, ist hingegen der Ansicht, das Bild sei nicht auf Protonen zurückzuführen, sondern auf die Elektronenstrahlung des Körpers, was die Tatsache erklären würde, daß der Abdruck von hinten schwächer ist als der von vorne, denn die Elektronenenergie hängt von der zurückgelegten Strecke ab, und das Gewicht des Körpers erzeugt natürlich am Rücken einen engeren Kontakt mit dem Gewebe.[40]

Doch die Theorien dieser Forscher prallen alle an einem wichtigen Einwand ab: Atomteilchen strahlen, wie auch das elektrische Licht, in ganz unterschiedliche Richtungen aus. Das Bild, das wir auf dem Grabtuch sehen, müßte demnach verformt sein. Nun haben wir hier aber, und die mikroskopische Untersuchung der rotgefärbten Fasern bestätigt es, eine orthogonale Strahlung vor uns. Tatsächlich kann die Energie, die sich auf das Tuch übertragen hat, nur von einer monochromen, kohärenten und in eine Richtung strahlenden Lichtquelle stammen. Das ist exakt die Definition eines Lasers.

Doktor Gaston Ciais, der 1997 das internationale Symposium in Nizza organisierte und Spezialist für medizinische Lasertherapie bei Krebserkrankungen ist, hat diese bislang unangefochtene Theorie aufgestellt.[41] Auch auf die Gefahr hin, daß wir uns hier im Kreis drehen: Wenn der Körper sich in feinste atomische Bestandteile oder durch Laser zersetzt hat – wie hat man sich das vorzustellen? Professor Rinaudo verweist uns auf den Begriff der »virtuellen Teilchen« und glaubt, daß die Experten der Quantenphysik die Dematerialisierung Jesu eines Tages erklären können.

Bauen wir einstweilen lieber auf die Intuition des Glaubens als auf die Stringenz der Naturwissenschaft – wobei das eine das andere durchaus nicht ausschließt. Doktor Ciais kommt zu dem Schluß, daß im Dunkel der Grabkammer jede einzelne Zelle des Gekreuzigten zu einer Laserlichtquelle von hoher Energie geworden ist und somit in der Lage war, das Leintuch auf vierzig Mikrometer Dicke zu färben. Derzeit ist er damit beschäftigt, an der Universität Nizza mit Hilfe extrem starker Laserstrahlen der dortigen Fakultät für Zahntechnik die Auslöser der Strahlung zu bestimmen, die für die Auferstehung verantwortlich sein sollen, also die Länge der Wellen in Nanometern, die Leistung in Watt und die Frequenz in Hertz. Denn für ihn gibt es keinen Zweifel: Daß Jesus am Ostermorgen außerhalb der Grabkammer erschienen ist, dafür ist eine besondere Form von Laserstrahlen verantwortlich: ein Hologramm. Deshalb nämlich rät Jesus Maria Magdalena davon ab, ihn zu berühren, als sie auf Jesus trifft, den sie für den Gärtner hält: »Rühre mich nicht an! Denn ich bin noch nicht aufgefahren zum Vater.« (Johannes 20, Vers 17) In diesem Stadium ist er nichts als Licht. »Hier kommt«, schreibt Doktor Ciais, »in einer einzigen Konfiguration alles zusammen, was es an Natürlichem gibt, aber auf vollkommen virtuelle Weise.«

Einige Stunden später wird er seinen Aposteln erscheinen, dann den Pilgern in Emmaus, und da – er ist wieder physisch greifbar, ist gewissermaßen zu seiner eigenen Reinkarnation geworden – ermutigt er sie, ihn zu berühren: »Faßt mich an und seht; denn ein Geist hat nicht Fleisch und Knochen, wie ihr seht, daß ich sie habe. […] Habt ihr hier etwas zu essen?« (Lukas 24, Vers 39)

Während die Christen die Vorstellung von der Auferstehung ohne eine Anleitung akzeptieren und die Nicht-Christen mit den Schultern zucken oder darüber spotten, sehen einige Quantenphysiker dagegen in diesen Worten aus dem Evangelium die Allegorie ihrer Untersuchungen zur Illusion von Materie, von Raum und Zeit. Ihnen zufolge hat Jesus sich nicht damit begnügt, uns den Weg der Liebe zu zeigen, der zu Gott führt, sondern darüber hinaus postum auch die Strecke angegeben, welche künftige Wissenschaftler zu den Entdeckungen über den Ursprung und das Wesen der physisch greifbaren Welt, die wir *Wirklichkeit* nennen, führen wird.

September 2005: Nach jahrelangen Versuchen hat Gaston Ciais endlich entdeckt, welcher Lasertyp den gräko-lateinischen Inschriften zugrunde liegen könnte, die Professor André Marion entdeckt hatte (»Du wirst in den Tod gehen«, »Nazarener«, »Jesus« …) und die sich mittels Oxydation auf die Oberfläche des Tuchs eingeprägt haben. Er hat mir das Resultat gezeigt. Für diejenigen, die wie er diese Buchstaben auf ein Leintuch projizieren möchten – ohne daß das Gewebe verbrennt und die Worte auf der Rückseite zu lesen sind –, sei hier das Rezept angegeben: Man nehme einen CO_2-Laser, der mit einem Watt Leistung bei einer gleichbleibenden Wellenlänge von 10600 Nanometern mittels einer 300 Mikrometer dicken Glasfaser strahlt. Um eine ähnliche Schrift zu erzeugen, genügt auch ein Diodenlaser mit zwei Watt und 910 Nanometern.

Wenn man nicht wieder auf die Hypothese vom Fälscher im Labor zurückgreift, dessen Werkzeug und Methode Ciais durch mehrmalige Versuche erkundet hat, gelangt man erneut zu einer unwahrscheinlichen Schlußfolgerung. Um einen Lasereffekt zu erhalten, braucht man ein aktives Milieu und eine Energiequelle. Der Gekreuzigte in dem Grabtuch hätte also während seiner Dematerialisierung selbst für diese beiden Elemente gesorgt und mittels Abdruck auf dem Leintuch seine Silhouette sowie einige Worte als Postskriptum hinzugefügt – gewissermaßen ein Echtheitszertifikat.

Doch er hat kein Rezept dafür hinterlassen. Anstatt mit Versuchskaninchen herumzuexperimentieren, kann man auch in die Bibel gucken. Doktor Ciais' Erklärung des Mysteriums von Christi Verklärung – jener Augenblick, in dem in Anwesenheit von Petrus, Jakobus und Johannes Jesu Gesicht und Kleider in hellstem Weiß erstrahlen wie eine wahrhaftige Lichtquelle – ist von entwaffnendem Scharfsinn: »Was tat Jesus auf dem Berg Tabor? Um sich auf die Auferstehung vorzubereiten, lud er schlichtweg seine Batterien wieder auf.«

Eine genauere technische Beschreibung liefern die

bezwingenden Schriften Trinh Xuan Thuans, der sehr überzeugend und fesselnd die auf unseren Gegenstand zutreffenden Prinzipien der Quantenmechanik darlegt.[42] Ich denke hierbei insbesondere an das Kapitel über Photonen, die als virtuelle Boten zur Übertragung von Informationen dienen und beim Zusammentreffen von Elektronen auftauchen. Um zu existieren, sich zu materialisieren und wieder zu dematerialisieren, brauchen diese Photonenboten Energie. Wie formuliert Trinh Xuan Thuan so anschaulich? »Sie leihen sie sich bei der Bank namens Natur; je mehr Energie sie ausleihen, desto kürzer ist die Laufzeit des Kredits.«

Unter diesem Blickwinkel und jenseits aller religiösen Debatten frage ich mich, ob die Rolle Jesu, der eigentliche Sinn seiner Inkarnation, nicht die Übertragung einer bahnbrechenden Information ist, die heute von der hochqualifizierten Wissenschaft des einundzwanzigsten Jahrhunderts wiederaufgenommen und aufgezeigt wird. Trinh Xuan Thuan faßt es folgendermaßen zusammen: »Die Welt ist keine Ansammlung träger Teilchen mehr, auf die deterministische Kräfte wirken, wie Newton und Laplace sich das vorstellten. Die Quantenmechanik sagt uns, daß eine lokalisierbare Realität keinen Sinn ergibt und daß diese Partikel Teil eines Ganzen sind. Das Universum wird durch ein immenses Netz aus Querverbindungen und Interaktionen vereint.«

Und wenn diese Beschreibung des Universums nun die Definition von Gott selbst wäre? Ob die Auferstehung die Anwendung eines künftigen Quantengesetzes ist, hat vielleicht unser Sohn eines Zimmermanns – der unablässig »Ich bin das Licht« wiederholte! – mit seinem Grabtuch bewiesen, auch wenn dieser Beweis fast zweitausend Jahre lang nicht decodiert werden konnte.

Vielleicht ist es ja doch kein Zufall, daß die Wissenschaft die Sprache des Grabtuchs ausgerechnet am Ende des neunzehnten Jahrhunderts zu entziffern begann, in einem Augenblick also, in dem die Kirche eine wachsende Distanz zu Wundern, zum Übernatürlichen und Unsichtbaren an den Tag legte.

Was bleibt zwanzig Jahrhunderte später vom Fleisch gewordenen Christus, sofern er es ist, den man ins Grabtuch gewickelt hat? Worte, die uns überliefert wurden, ein Abbild und Blut. Was die Menschen mit der Botschaft der Liebe, den rebellischen Reden gegen blinden Fanatismus und Mißbrauch religiöser Macht angestellt haben, wissen wir. Für die durch Zelloxydation geschaffene Silhouette begeistern sich nur noch eine Handvoll Wissenschaftler, die diese Herausforderung an die Wissenschaft unbedingt annehmen wollen und sich nicht darum scheren, wenn sie in den Medien verhöhnt werden. Ihr Interesse konzentriert sich übrigens auf das Blut.

Ist dies der Grund, weshalb die »Wege des Herrn« – oder die Ränke der in seinem Dienst stehenden Menschen – seit einigen Jahren das Blut der Blutgruppe AB geradezu in Strömen fließen lassen, weil es Träger einer entzifferbaren DNA ist? Dieses Blut findet sich nicht nur auf den Passionsreliquien, sondern, wie wir später sehen werden, vielleicht auch in einem Altargefäß aus dem achten Jahrhundert, das im Labor von Arezzo untersucht wurde, auf einer Hostie, die 1976 Genforscher in Caracas analysierten, und auf Ikonen, die zu bluten begannen, als sie an der Universität Bologna unter die Lupe genommen wurden. Und dieses Blut ist dermaßen gut erhalten, daß es nicht mehr nur zum Wunder der Kommunion einlädt, sondern auch das Gespenst des Klonens heraufbeschwört.

Einige glauben, die Rückkehr des Messias werde im Labor stattfinden, und zwar durch genetische Manipulation. Andere dagegen befürchten, wenn ein Zellkern Jesu den Eierstock einer Jungfrau befruchtet, so könne auf diese Weise gleich der Antichrist geboren werden.

Tauchen wir nun ein in eine uns gar nicht so fernstehende Welt, in der Wissenschaftler den Teufel versuchen, um einen Gott zu erschaffen.

Dies ist mein Blut: Nehmet hin und klonet

Im Jahr 1952 gelang es den Amerikanern erstmals, einen Frosch zu klonen. Die Molekulargenetik hat seitdem einen relativ raschen Aufschwung erlebt, und manche Forscher sagten bereits zu Beginn der siebziger Jahre voraus, reproduktives Klonen werde schon bald Wirklichkeit. Seit wann aber schwant der Kirche, irgendein Verrückter könne nun eine Kopie von Jesus erstellen?

1978 kamen das STURP und das Gerichtsmedizinische Institut der Universität Turin zu dem Schluß, daß auf dem Grabtuch menschliches Blut vorhanden sei. Die genetische Analyse wurde dem Labor der Universität Genua anvertraut, das neben einer sehr alten männlichen DNA eine bedeutende Verunreinigung durch weibliche DNA jüngeren Datums feststellte – wahrscheinlich diejenige der Prinzessinnen aus dem Hause Savoyen oder der Klarissinnen, die nach dem Brand von Chambéry das Tuch flickten.

1986 kam das erste aus Embryonalzellen geklonte Lamm zur Welt. Ein Jahr später begann Ian Wilmut, einer der Väter des Schafes Dolly, wie es schließlich genannt werden sollte, an der Möglichkeit zu arbeiten, ein Tier aus erwachsenen Zellen zu klonen.

Als bekannt wurde, daß das Grabtuch von Turin aus dem Mittelalter stammen könnte, geriet die Reliquie in Mißkredit und hielt Genforscher davon ab, sich weiter damit zu beschäftigen – zumindest unterblieben einige Jahre lang Veröffentlichungen zu dem Thema. Der Himmel schien wolkenlos.

Dann kam derjenige, um dessentwillen sich alles verdüstern sollte: Leoncio Garza-Valdés. Dieser amerikanische Mikrobiologe mexikanischer Herkunft begeisterte sich für Textilien aus präkolumbianischer Zeit. Als er eines Tages auf einen Fehler bei der Datierung eines Stoffes mittels C 14 stieß, entdeckte er den Grund dafür: Eine Verschmutzung durch Bakterien jüngeren Datums auf der Oberfläche der Fasern hatte dazu geführt, daß das Gewebe wesentlich »jugendlicher« wirkte.

Als die Radiokarbon-Spezialisten verkündeten, das Grabtuch stamme aus dem Mittelalter, zog er jene Möglichkeit der Verschmutzung in Betracht. Er nahm Kontakt zu Monsignor Saldarini auf, dem Nachfolger des Kardinals Ballestrero als Erzbischof von Turin, und bot ihm an, ein Gegengutachten zu erstellen. Doch er bekam keine Antwort. Also begab er sich einige Zeit später nach Turin, wo er dank seiner Beharrlichkeit schließlich einen Termin bei Luigi Gonella bekam, dem wissenschaftlichen Berater des ehemaligen Erzbischofs.

Zunächst äußerst skeptisch, ließ Gonella sich nach und nach von Garza-Valdés' Argumenten erweichen und versprach ihm, sich beim Kardinal für ihn einzusetzen. Dieser gewährte ihm schließlich eine Audienz, untersagte ihm jedoch den Zutritt zum Grabtuch, weil er nicht wünschte, daß Garza-Valdés auf dieser »wunderbaren Darstellung der Passion« nach Bakterien suchte. Damals vertrat die Kirche die Position, die mittelalterliche Datierung sei unbedingt anzuerkennen: Die Entscheidung war gefallen, die »Fälschung« sollte heilig bleiben; jedes weitere wissenschaftliche Gutachten war nicht erwünscht.

Doch da stellte Gonella unter Mißachtung des erzbischöflichen Verbots den abgewiesenen Forscher seinem Freund Professor Riggi vor, der in seinem Tresor die Stoffproben von 1988 aufbewahrte, außerdem die Klebstreifen, die er auf die Blutflecken appliziert hatte. Mit einem Teil dieses Materials reiste Garza-Valdés in die Vereinigten Staaten zurück.

Was mag wohl zu Gonellas und Riggis Verhalten geführt haben? Wissenschaftliche Neugier auf die Theorien Garza-Valdés'? Das Bemühen darum, daß ein Dritter die Datierung zunichte machen möge, die sie auf Geheiß anderer Stelle arrangieren mußten? Ein später Skrupel oder der Wunsch nach Vergeltung? Wie man sich erinnern wird, waren ja beide in der Versenkung verschwunden, nachdem sie auf Anordnung der höchsten vatikanischen Behörden unter recht seltsamen Bedingungen die C-14-Analyse durchgeführt hatten. Die heftige Reaktion des Kardinals Saldarini, als er vom »unzulässigen Abhandenkommen illegal entnommenen Materials« hörte, sollte sich rächen. Wenn es denn eine kleine Abrechnung der Wissenschaftler war, die man auf dem Altar der kirchlichen Vernunft geopfert hatte, würde sie weitreichende Konsequenzen haben.

1993 stellte Garza-Valdés beim wissenschaftlichen Symposium in Rom die Ergebnisse seiner Arbeiten zum Thema Verschmutzung des Grabtuchs durch Mikroorganismen vor, und auch in unserem Film bestätigte er sie noch einmal: »Ich stellte fest, daß die Leinenfasern von einer Plastikhülle umgeben waren, die durch Bakterien dorthin gelangt war. Würde man also heute eine C-14-Datierung durchführen, läge das Ergebnis sicher noch nach 1260 bis 1390. Weshalb? Weil die Bakterien lebende Organismen sind und nicht aufhören, mit Hilfe des in der Luft enthaltenen CO_2 Plastik zu produzieren.«

Doch der Nachrichtendienst des Vatikans wußte schon bald, daß Garza-Valdés' Arbeit nicht bei den Bakterien aufhörte und daß die Blutprobe, die der Amerikaner von Professor Riggi erhalten hatte, ihm bereits jetzt erlaubte, den Gekreuzigten molekular zu klonen. Sogleich reagierte die Kirche mit einem offiziellen Kommuniqué, das Monsignor Saldarini, der Hüter des Grabtuchs, veröffentlichte.

»Nach dem 21. April 1988 wurde vom Heiligen Grabtuch keine neue Probe entnommen, und es ist ausgeschlossen, daß sich eine damals entnommene Gewebeprobe in den Händen Dritter befindet. Sollte derartiges Material existieren, so erinnern wir daran, daß der Heilige Stuhl niemandem die Erlaubnis erteilt hat, eine derartige Probe zu besitzen und sie auf irgendeine Weise zu verwenden. Wir bitten die Betreffenden, sie in die Hände der vatikanischen Behörden zurückzugeben.«

Mit anderen Worten: Das Material existiert nicht, man wird aber höflich um Rückgabe gebeten. Die Zuständigen fühlten sich nicht angesprochen. Noch heute beteuert Riggi, er habe seine Klebstreifen mit der Zustimmung des Vatikans zum Einsatz gebracht, und Gonella bestätigt in unserem Film, Riggi sei »absolut berechtigt« gewesen, die Proben zur bakteriologischen Analyse an Garza-Valdés weiterzugeben. Demnach hätte sich der Amerikaner selbst diskreditiert, indem er »unrechtmäßigerweise« das von Riggi zur Verfügung gestellte Material für seine ausgeweitete DNA-Studie genutzt hatte.

»Garza-Valdés habe ich nicht in guter Erinnerung«, brummte Riggi vor unseren Kameras. »Er wollte unbedingt beweisen, daß das Grabtuch von Jesus Christus stammt.«

Garza-Valdés, ein freundlicher pausbäckiger Wissenschaftler, versichert, er habe vor allem der Kirche einen Dienst erweisen wollen. Und genau darin liegt die Zweideutigkeit seiner Haltung. Als er 1998 Papst Johannes Paul II. bei einer Privataudienz eröffnet, er habe »die Ehre, drei Gene Jesu Christi molekular zu klonen«, geschieht dies ihm zufolge, um den Heiligen Stuhl vor denjenigen zu warnen, die Jesus ebenfalls klonen wollen, aber keine so guten Absichten haben wie er und womöglich aus dem Sohn Gottes ein Monster à la Frankenstein züchten.

Voller Wohlwollen hört der Papst ihm zu und verspricht ihm sogar, er werde seine künftigen Forschungen durch Gebete unterstützen. Doch dann wird das Grabtuch sofort hinter Schloß und Riegel gebracht: Kein Wissenschaftler »von außen« darf mehr an die Reliquie heran. Garza-Valdés' Klonereien bemüht man sich zu neutralisieren, indem man betont, es sei überhaupt nicht bewiesen, daß die DNA-Segmente, die er an sich gerissen habe, vom Grabtuch stammen.

Dummerweise hat Garza-Valdés seine Untersuchungen jedoch zusammen mit Professor Victor Tyron durchgeführt, dem Leiter der Mikrobiologischen Abteilung an der Universität San Antonio, Texas. Tyron ist im Besitz einer offiziellen Probe, die 1978 vom STURP entnommen wurde (Wunde am linken Handgelenk) und aus der er eine menschliche DNA extrahiert hat, die nicht von einer Verunreinigung herrührt: die sehr alte DNA eines Mannes, mit dreihundertzwanzig Basenpaaren. Eine DNA, die identisch ist mit der »inoffiziellen« DNA Riggis, deren Authentizität auf diese Weise de facto bestätigt wird.

Und dann veröffentlicht Garza-Valdés *The DNA of God?*, um die Ergebnisse und Schlüsse, die er gezogen hat, einem breiten Pubikum bekanntzumachen. Sofort kehren ihm sämtliche ehemalige Freunde den Rücken, einige fordern sogar seine Exkommunikation. Der Zorn ist mit der Zeit keineswegs verraucht, wie wir selbst erfahren durften: Professor Tyron und mehrere Mitglieder des STURP, die eingewilligt hatten, vor unseren Kameras Stellung zu nehmen, zogen ihre Zusage ganz plötzlich mit der Begründung zurück, es gebe nichts Neues mehr zu dem Thema zu sagen, das Grabtuch habe zu keinen neuen Ergebnissen geführt. In Wirklichkeit hatten sie jedoch erfahren, daß wir auch mit Garza-Valdés Kontakt aufgenommen hatten, und weigerten sich nun, im selben Film wie er zu erscheinen.

Doch die Genforschungen werden in den USA fortgesetzt, wir haben den Beweis dafür. Nur wurde Garza-

Valdés endgültig wegen »Mißachtung von Berufsgeheimnissen« – und dies sahen sowohl die Wissenschaftler als auch die Kardinäle so – durch einen New Yorker Genforscher ersetzt, dessen Labor sich auf die Untersuchung alter Blutproben spezialisiert hat: Andrew Merriwether.

Am 20. Januar 2004 läßt der Chemiker Ray Rogers, ein ehemaliger STURP-Teilnehmer, ihm eine offizielle Probe der Analysen von 1978 zukommen, sie trägt den Code 3 EF. Da es sich um Blut von einer Wunde am Handgelenk handelt, scheint die Probe derjenigen, die vordem Professor Tyron bekommen hatte, sehr zu ähneln.

Merriwether stößt auf eine männliche DNA und sequenziert sie; ihre Marker des Chromosoms Y entsprechen dem *Cohen Modal Haplotype* – genau demselben Typ also, den Gérard Lucotte auf der Tunika von Argenteuil entdeckt hatte. So steht es zumindest im Herbst 2004 im Internet.

Die Veröffentlichung dieser Resultate ruft bei Ray Rogers die legitime Wut eines Auftraggebers hervor, der in der Presse das Ergebnis der heimlichen Untersuchungen erfährt, um die er gebeten hatte. Merriwether leugnet sofort, die Resultate weitergegeben zu haben. Ray Rogers und er dementieren daraufhin die von der Shroud Science Yahoo-Newsgroup veröffentlichten Ergebnisse. Die Schlußfolgerungen auf dieser Website sind ziemlich haarsträubend: Da Jesus Blut vom Typ *Cohen Modal Haplotype* hatte, das für das Priestergeschlecht charakteristisch ist, konnte er unmöglich der Sohn Josephs sein, der zum Stamm Benjamins gehörte. Maria dagegen gehörte, so steht es im Lukas-Evangelium, dem Stamm Levi an, der die Priester für den Gottesdienst hervorbrachte. Somit wäre diesen wohlinformierten Kommentatoren zufolge genetisch bewiesen, daß Maria im Augenblick ihrer Niederkunft tatsächlich Jungfrau war.

Böswillige Geister könnten zwar einwenden, daß unter diesen Umständen Jesus – und genau das denken ja die Juden – gar nicht der im Alten Testament verheißene Messias sein kann, da er doch als Nachfahre Davids angekündigt wird. Schlägt man im Matthäus-Evangelium nach, so heißt es in der Genealogie am Anfang nämlich, daß Jesus Nachkomme Davids »durch Joseph« ist.

Im November 2004, als Gérard Lucotte in seiner Eigenschaft als Spezialist für Marker des Y-Chromosoms Andrew Merriwether kontaktiert, damit sie ihre Ergebnisse vergleichen können, antwortet ihm letzterer, er sei nicht imstande (er gebraucht den Begriff *at liberty*), sich zu dem Thema zu äußern. Und als Boissets Team den New Yorker Genforscher kontaktiert, damit er für unseren Film ein Statement abgibt, bekommen sie die gleiche Antwort serviert. Seitdem sind keine weitere Indiskretionen bezüglich seiner Entdeckungen im Netz aufgetaucht.

Es war uns sehr daran gelegen, Ray Rogers zu einer Stellungnahme vor die Kamera zu bekommen, denn er hatte im Januar 2005 in der Fachzeitschrift *Thermochimica acta* eine neue Datierungsmethode des Grabtuchs mit Vanillin vorgestellt. Vanillin ist eine chemische Zusammensetzung im Lignin der Flachsfasern, die sich wie C 14 im Lauf der Zeit zersetzt, nach Rogers' Ansicht jedoch zuverlässiger ist. Der Anteil in den Fasern des Leintuchs, so hieß es in dem Artikel, lasse nur den Schluß zu, daß das Tuch mindestens zweitausend Jahre alt sei. Interessanterweise könne das Tuch aber auch aus dem ersten Jahrhundert *vor* Christus stammen.

Ray Rogers hatte sich bereit erklärt, auf unsere Fragen zu antworten, und wir hatten bereits einen Drehtermin im Juli 2005 vereinbart. Drei Wochen vor dem Dreh starb er jedoch auf brutale Weise.

Auch nach dem Treffen in einer Pariser Bar stand ich noch in Kontakt zu Gérard Lucotte. Ich wollte, daß er im Rahmen unserer Dokumentation seine Ergebnisse vorstellte. Zuerst widersetzte er sich mit einem klaren und nachvollziehbaren Argument: Was er da in der DNA des »Argenteuil-Mannes« entdeckt habe, sei so wichtig, daß er es erst in einer der wichtigsten Fachzeitschriften veröffentlichen wolle, bevor er sich damit der Fernsehöffentlichkeit präsentierte. Selbstverständlich respektierte ich seine Position, versuchte aber zugleich, ihn mit den Argumenten zu überreden, die man in einem derartigen Fall anführt: Erst durch eine Fernsehübertragung beginne eine derartige Entdeckung zu existieren, und man könne leichter auf tatsächliche Angriffe reagieren als auf völlige Mißachtung. Ein totaler Fehlschlag – sein Ego, eigentlich normal entwickelt, war nicht ausgeprägt genug, als daß er dem Lockruf der Fernseh-Sirenen gefolgt wäre.

Zum Schluß brachte ihn schließlich Zorn dazu, sich doch vor unseren Kameras zu äußern. Und daß der Genforscher endlich einwilligte, die zwanzig Jahre lang unter Verschluß gehaltenen Ergebnisse seiner Arbeit zu enthüllen, verdanken wir Philippe Métézeau, dem Stellvertretenden Bürgermeister von Argenteuil. Dieser besaß nämlich einen Zauberspruch. Während des Interviews mit Yves Boisset faßte er die mit dem Unterpräfekten von Val-d'Oise durchgeführten Analysen folgendermaßen zusammen: »Wir haben auf der Tunika von Argenteuil kein Blut gefunden, nur Rückstände von Farbstoffen.«

Lucotte wurde rot vor Wut, als wir ihm die Aufzeichnung vorspielten.

»Die Tunika ist mit Blut durchtränkt«, fauchte er vor laufender Kamera, nachdem die Realität den Gralssucher eingeholt hatte. »Es ist überall Blut darauf, sogar jenseits der Blutflecken.«

»Nein, sie ist nicht mit Blut getränkt«, lautete Métézeaus Erwiderung. »Denn in dem Falle hätte man ja 2004 bei der Entnahme der Proben Stellen ausgewählt, die nicht repräsentativ und nicht mit Blut getränkt sind, und das war nicht der Fall, wie ich bezeugen kann.«

Pikant wird die Sache allerdings insofern, als Philippe Métézeau kein schlichter Abgeordneter ist, der über Dinge spricht, mit denen er sich nicht auskennt: Er hat selbst eine wissenschaftliche Ausbildung, ist Zytologe am Institut Pasteur, Spezialist für Zellsortierung. Kaum vorstellbar, daß einem Forscher, der so häufig mit Blut zu tun hat, während der hektischen »Komm, wir schnippeln an der Tuninka herum«-Aktion im Hause des Präfekten nicht daran gelegen gewesen wäre, nach den Blutkörperchen zu suchen, die sich, wo auch immer, auf seinem kommunalen Schatz verbargen.

Es gibt daher nur zwei Möglichkeiten: Entweder hat Philippe Métézeau schlecht recherchiert, oder Gérard Lucotte hat 1986 selbst frisches Blut auf die Reliquie geträufelt, um dann eine verwertbare DNA darauf zu »entdecken«.

Doch diese Anschuldigung ist kaum haltbar, denn es gibt einen genauen Bericht über die ersten bedeutungsvollen Analysen unterm Mikroskop aus dem Jahr 1892, die gemeinschaftlich vom Labor für Angewandte Medizin und der Chemischen Gesellschaft von Paris durchgeführt wurden: »Wir fanden ein paar unveränderte rote Blutkörperchen. Aufgrund der Anzahl und der charakteristischen Beschaffenheit dieser Elemente kann man auf die Existenz von Blutflecken schließen.« 1932 bestätigten weitere Untersuchungen den Befund und gaben sogar eine präzise Beschreibung der drei größten Flecken. Zwei Jahre später kam die wissenschaftliche Veröffentlichung dieser Arbeiten, angereichert mit Infrarotfotos, auf denen weitere kleine Flecken sichtbar werden, zu denselben Schlüssen wie heute Gérard Lucotte, der seinerseits eine vom Institut d'Optique d'Orsay generierte Computergrafik der Wunden beifügt: Die Tunika ist sehr wohl mit Blut getränkt.

Wenn also Lucotte recht hat, warum halten andere dann so verbissen an ihrer gegenteiligen Überzeugung fest? Warum kommt bei den Untersuchungen von 2004 heraus, daß überhaupt kein Blut vorhanden ist? Weil es nicht erwünscht war, welches zu finden? Man fragt sich, welche Beweggründe dieser Einstellung zugrunde liegen: die kommunale Staatsraison, Gehorsam der Diözese gegenüber, die jedes Aufsehen vermeiden will, die Hoffnung, die lästige COSTA (Comité œcuménique et scientifique de la Tunique d'Argenteuil) ein wenig auf Abstand zu halten ... Dieser ökumenische Wissenschaftsausschuß zur Tunika von Argenteuil, dem André Wuermeling vorsteht, ist eine Vereinigung hyperaktiver Anhänger, die das Heilige Tuch vor der kommunalen Willkür schützen will: etwa vor der Behandlung mit DDT, nachdem Motten im Reliquiar aufgetaucht waren, vor einem Transport ohne jegliche Sicherheitsvorkehrungen oder hygienischen Schutz in einem Privatwagen oder vor der gesetzwidrigen Entnahme von Stoffproben.

Um den religiösen Eifer der COSTA-Partisanen ist es dem Stadtrat jedoch gar nicht so sehr zu tun, wohl aber um Begehrlichkeiten von Interessenten außerhalb der Stadt. Wenn auf der Reliquie nun gar kein Blut ist und sie aus dem siebten Jahrhundert stammt, wie es die Analysen von 2004 bestätigen, dann ist sie für eventuelle Klon-Vampire gar nicht mehr so wichtig. Sie war ja 1984 bereits einmal geraubt worden. Eine mysteriöse Organisation prangerte die Tatsache an, daß das Tuch den Gläubigen nur alle fünfzig Jahre gezeigt wurde, und rückte die Reliquie zwei Monate später schließlich wieder heraus, unter der Bedingung, daß man sie in Zukunft häufiger zu sehen bekäme.

In diesem Zusammenhang sei daran erinnert, daß Monsignor Ghiberti, die rechte Hand des Kardinals, der als offizieller Hüter des Grabtuchs fungierte, uns 2005 anvertraut hatte, es »scheine ihm«, die Entführer von 1984 hätten die Reliquie ersetzt und in der Basilika von Argenteuil befinde sich nun eine Fälschung. Die weitere Entwicklung bestätigt, daß, sollte es sich um eine Fälschung handeln, diese in allen Punkten mit dem Original übereinstimmt, vom winzigsten Pollenflöckchen bis hin zum geringsten Detail der auf dem Grabtuch von Turin sichtbaren Wunden. Doch Monsignor Ghiberti, der 1997 den höchst verdächtigen Brand zu verantworten hatte, dem das Grabtuch beinahe zum Opfer gefallen wäre – drei Monate nach dem Symposium übrigens, auf dem seine Authentizität festgestellt wurde –, weiß, daß der Zweifel an der Echtheit einer Reliquie ein weit effizienteres Konservierungsmittel ist als eine offizielle Anerkennung. Dies hat der Stadtrat von Argenteuil womöglich im Kopf behalten.

Außerdem schützt die vorsichtshalber durch die C-14-Datierung von 2004 gestützte Behauptung, die Tunika sei nicht mehr diejenige von Jesus Christus, die Kirche vor DNA-Analysen, wie sie Gérard Lucotte zwei Jahre nach dem Diebstahl durchgeführt hat und nun veröffentlichen will. Die römisch-katholische Kirche, durch Garza-Valdés' Arbeiten über die Gene Christi in die Enge getrieben, scheint derzeit dem übermäßigen Eifer der Wissenschaft zuvorkommen zu wollen.

Doch der Vatikan ist noch nicht am Ende seines Leidenswegs angekommen.

Noch immer träumt der unermüdliche Lucotte davon, die DNA der Tunika von Argenteuil mit den anderen Passionstüchern zu vergleichen, und versucht daher seit Herbst 2004, mit den Behörden in Oviedo Kontakt aufzunehmen. Als er die Blutflecke auf dem Foto des spanischen Forschungszentrums vergrößerte, entdeckte er nämlich rote Blutkörperchen in auffallend frischem Zustand. Doch unser Filmteam war ihm zuvorgekommen: Sobald sie das Wort DNA hörten, machten die spanischen Forscher die Schotten dicht und ließen die Anträge auf vergleichende Untersuchungen unbearbeitet. Es sei daran erinnert, daß die DNA der Tücher in Oviedo und Turin keinerlei Unterschiede für die italienischen Gerichtsmediziner aufwies. Nachdem er von den Spaniern einen Korb erhalten hatte, wandte sich Lucotte mit seinem Forschungsprojekt ans Centro di Torino.

Der Empfang war freundlich, doch die zuständigen Wissenschaftler gaben ihm zu verstehen, daß keine Eile bestehe: Es seien neue Untersuchungen in ein oder zwei Jahren geplant, und zwar im Zusammenhang mit multidisziplinären Projekten, die man ihnen anvertraue. Klug, wie er ist, sah Lucotte sofort, daß in dem Fall italienischen Kollegen der Vorzug gegeben würde, zum Beispiel dem Team der Universität Genua, das 1995 vorsichtige Schlußfolgerungen über die diversen schadhaften DNA-Ketten des Grabtuchs gezogen hatte.

Als offizieller Lieferant der Proben des Grabtuchs für die von der Kirche ausgewählten Forscher weiß das Turiner Centro ganz genau, welche andere Quelle abgewiesene Forscher für gewöhnlich anzapfen. Daher kommt man Lucotte zuvor: Jede Untersuchung, die sich auf die »unzulässigen« Proben Giovanni Riggis beruft, wird sofort angezweifelt und jeder Bezug zur Turiner Reliquie an höchster Stelle dementiert. Doch Lucotte brennt die Zeit unter den Nägeln, denn sein amerikanischer Kollege Merriwether könnte womöglich vor ihm einen Bericht über die DNA auf dem Grabtuch vorlegen. Ob es der Kirche gefällt oder nicht: Der bislang unangefochtene Vergleich zwischen den vom STURP 1978 entnommenen Blutproben und Riggis Proben von 1988 hat gezeigt, daß letztere authentisch sind.

Also nimmt Lucotte Kontakt zu Riggi auf, der auch im Alter von fünfundsiebzig Jahren immer noch die Fondazione 3M leitet – jenes Nebenprodukt des multinationalen Konzerns für Klebebänder, der die Untersuchungen des Grabtuchs gesponsort hatte und den Restbestand des halbamtlichen Materials auf sehr amtliche Weise zu verwalten scheint. Lucotte stellt sich vor, berichtet, was er vorhat und was er veröffentlichen möchte. Mehrere Briefe gehen hin und her. Am 10. November 2004 schreibt Riggi, er habe vor, Lucotte für seine vergleichenden Untersuchungen mit der DNA der Tunika von Argenteuil bereits isoliertes Blut zur Verfügung zu stellen, ein echtes Koagulum – Blutgerinnsel – aus der Wunde, die durch die Lanze verursacht wurde. Es ist dasselbe Material, dem Riggi die Proben entnommen hatte, die er dann seinem Klon-Lehrling Garza-Valdés überließ. Angeblich soll er sogar Proben verkauft haben – eine offensichtliche Unterstellung, die Garza-Valdés selbst in unserem Film entkräftet.

Was nun die Anschuldigungen angeht, er habe sich an jenem Nachmittag, der auf die offizielle Entnahme des Stofffragments folgte, »heimlich bedient«, so bestreitet Riggi dies in seiner Korrespondenz mit Lucotte aufs heftigste. Die Vertreter der geistlichen Obrigkeit hätten ihn niemals allein gelassen, seine persönlichen Proben seien allesamt vom Erzbischof von Turin in Hinblick auf weitere Forschungen genehmigt, und außerdem, fügt er hinzu, sei alles unter Videoüberwachung geschehen.

Bevor er Lucotte sein wertvolles Gerinnsel aushändigt, verfaßt Riggi weitere Briefe, in denen er den Transfer genauer spezifiziert. Er verlangt kein Geld, will aber, daß sein Name in Lucottes wissenschaftlicher

Arbeit über den Vergleich der Tücher erwähnt wird. Nichts von ihrer Vereinbarung dürfe an die Öffentlichkeit dringen, bevor diese abgeschlossen sei. Als das Filmteam bei Lucotte vorstellig wird, respektiert er diese Übereinkunft.

Alles scheint also bestens zu laufen, bis Riggi am 25. Januar 2005 an Lucotte schreibt, obwohl die Vereinbarung aus technischer Hinsicht für ihn und die Fondazione 3M noch immer Gültigkeit habe, fehle doch ein wesentliches Element: die Zulassung einer Ethikkommission der Fondazione 3M, die sich durchaus von dem Wissenschaftsrat unterscheide, der seine Unterstützung aber signalisiert habe. Diese Kommission, betont Riggi, solle den »moralischen und religiösen Aspekt der Forschungsarbeiten« kontrollieren, »deren Unterstützung wir zusichern und für die wir etwaige Materialien zur Verfügung stellen«. Eines ihrer Mitglieder, erläutert er, sei ein »hoher katholischer Funktionär in Rom, der unsere Ergebnisse beurteilen wird«.

Besagte Kommission, die am 21. Januar zusammentreffen sollte, verschiebt die Sitzung – ohne Nennung eines Alternativtermins – wegen »unvorhersehbarer Schwierigkeiten«, und die Wochen verstreichen ohne eine weitere Nachricht aus Italien. Gérard Lucotte glaubt schließlich nicht mehr daran. Die Ethikkommission, die offensichtlich unter mehr oder weniger direktem Einfluß des Vatikans steht, will ohne Zweifel eine neuerliche Garza-Valdés-Episode vermeiden. Genforscher stehen in Rom nicht mehr im Ruch der Heiligkeit, und das ist verständlich. Doch warum ködert man Lucotte mit einem Gerinnsel, warum lockt man ihn mit einem »Material, das noch niemand verwenden durfte, das besonders groß ist und an einer besonderen Stelle entnommen wurde«? Um ein Klima des Vertrauens aufzubauen, den Stand seiner Forschungen an der Tunika von Argenteuil in Erfahrung zu bringen und die Ergebnisse mit den intern durchgeführten Testserien am Grabtuch zu vergleichen? Lucotte ist außer sich, er hat das Gefühl, manipuliert worden zu sein.

Am 22. Februar kommt es schließlich zu einem Eklat: Lucotte ruft mich an und teilt mir mit, er komme gerade von der Fondazione 3M aus Mailand zurück, wo Riggi ihm nicht etwa das versprochene Gerinnsel, sondern drei Metallplättchen mit blutgetränkten Fibrillen überreicht habe – eine Art Trostpflaster, wie der Genforscher findet.

Als Yves Boisset am 10. März 2005 den Leiter der Fondazione 3M für unseren Film interviewt und ihn fragt, was er von den Forschungsarbeiten Professor Lucottes halte, gibt Riggi eine erstaunliche Antwort: »Ich kenne ihn nicht. Wir haben uns mehrmals geschrieben, aber ich habe ihn nie kennengelernt.«

Boisset hakt nach. »Sie haben ihm also keine Blutproben gegeben?«

Der vornehme alte Mann im marineblauen Blazer bringt seine Argumente mit der geduldigen Entschlossenheit einer Schlange vor, die ihre Beute umzingelt: »Ich kann niemandem Blutproben geben, denn ich habe keine. Ich habe keinen Stoff, ich habe kein Blut.«

So wie er im Film zu sehen ist, wirkt Riggi absolut glaubwürdig. Desgleichen Lucotte, als er sein Treffen mit Riggi in Mailand und die von dem Italiener beglaubigte Herkunft der Fasern bestätigt. Wem soll man also Glauben schenken? Da wir den Betreffenden kein Wahrheitsserum einflößen können, begnügen wir uns also mit der Auswertung der genannten Blutproben.

Da die Zuständigen in Turin dem Material jedoch die Authentizität absprechen und der Lieferant selbst dessen Existenz leugnet, steht Lucotte plötzlich unter Zugzwang. Er beschließt daher, die drei Metallplättchen vor Polemiken zu schützen und vorerst in seinem Tresor unter Verschluß zu halten – wir erfahren nichts mehr darüber. Er gibt vor, auf ein positives Zeichen aus Turin zu warten, damit er offiziell, in ein paar Jahren, eine Gewebeprobe entnehmen kann, doch im Grunde glaubt er nicht mehr daran und möchte sich zu diesem Thema nicht mehr äußern. Entweder hat Riggi ihm tatsächlich nichts gegeben, oder er hat seine vergleichenden Untersuchungen bereits heimlich durchgeführt, fernab von unseren Kameras. Wie dem auch sei, sollte Turin ihm Stillschweigen auferlegt haben, so hält er sich daran.

Er konzentriert sein Wirken also wieder auf die Tunika von Argenteuil und macht – wir dürfen es live beim Drehen miterleben – die erstaunlichsten Entdeckungen.

Wir erinnern uns, daß auf Initiative des Unterpräfekten Jean-Pierre Maurice der Tunika ein fünfzehn Quadratzentimeter großes Stück entnommen wurde. Bei der C-14-Datierung wurde es zerstört, das ist klar, doch erfährt Lucotte, daß noch weitere Stofffragmente existieren. Und dann überschlagen sich auf einmal die Ereignisse, so daß wir unseren Dreh um mehrere Wochen verschieben müssen, damit wir die jüngsten Komplikationen und ihre Konsequenzen berücksichtigen können.

Gérard Lucotte macht eine Eingabe beim Kultusministerium und trifft sich mit dem Zuständigen für den Schutz historischer Dokumente. Angesichts früherer Arbeiten von Lucotte überläßt man dem Genetiker schließlich eines der Fragmente. Lucotte wird also im Ministerium für Atomenergie vorstellig – einem streng überwachten Ort, den wir mit unseren Kameras nicht betreten dürfen –, um die Probe in Empfang zu nehmen, die seit der C-14-Datierung dort aufbewahrt wird. Er frohlockt: Endlich erhält er ein Stück der Reliquie und nicht nur ein paar Mikrogramm der DNA, die hier und da zufällig abgefallen sind.

Mit dem kostbaren Fetzchen Stoff in den Händen begibt sich der Genforscher zur FEI, wo eines der stärksten elektronischen Mikroskope der Welt steht, das über einen Spezialscanner verfügt, luftdicht arbeitet und jegliche Verunreinigung des zu vergrößernden Materials ausschließt.

Auf diese Weise entstehen die Bilder, die dann auf Canal+ gezeigt werden. Das angekündigte Wunder findet nicht statt: Das Blut auf der Tunika hat sich nicht in Farbstoff verwandelt. Auf dem Bildschirm des an das Mikroskop gekoppelten Computers zeichnen sich perfekt erhaltene rote Blutkörperchen ab (»Sie sehen ganz frisch aus«, kommentiert Lucotte) und andere, die geronnen und wohl älteren Datums sind.

Noch überraschender ist, daß man bei achttausendfacher Vergrößerung entdeckt, daß sich an die Wollfäden offensichtlich Lymphozyten klammern, die, darauf deutet der dicke Kern mit DNA hin, intakt zu sein scheinen. Wenn man weiß, daß die weißen Blutkörperchen außerhalb des Körpers eine Lebensdauer von nur wenigen Stunden haben, kommen einem diese Mikroskopaufnahmen völlig irreal vor. Schon der frische Zustand des Blutes auf dem Grabtuch bereitete den Spezialisten Probleme, doch handelte es sich in dem Fall immerhin um einen mit Aloe und

Myrrhe – also Substanzen zur Konservierung von Leichnamen – behandelten Stoff, während wir es hier mit einem unbehandelten Alltagsgewand zu tun haben.

Was folgern wir nun daraus? Hat Lucotte sich bei der Bearbeitung der Probe geschnitten, und wir haben seine weißen Blutkörperchen vor Augen?

Dieser beruhigenden Hypothese widerspricht die Auswertung des Materials. Das FEI-Mikroskop hat die Eigenschaft, alle Elemente, die unter dem Vergrößerungsglas betrachtet werden, sofort zu analysieren. Man betrachtet also das Bild auf dem Monitor, zoomt sich beispielsweise ein rotes Blutkörperchen heran, und schon zeigt der Computer seine Zusammensetzung auf einer Tafel an – im vorliegenden Fall dominiert Eisen.

Nehmen wir also unseren vermeintlichen gut erhaltenen Lymphozyten, der in eine Art Dreieck eingekapselt ist. Der Techniker klickt mit der Maus darauf, und das Dreieck gibt sofort seine Identität preis: Natriumchlorid. Wären die weißen Blutkörperchen des Gefolterten also durch die Salzkristalle seines Schweißes konserviert worden?

Für Gérard Lucotte ist der Fall klar, und er erklärt ohne Umschweife vor der Kamera: »Auf der Tunika haben sich nicht nur unzählige rote Blutkörperchen erhalten, sondern möglicherweise auch weiße, die Zellkerne aufweisen und damit DNA. Es ist also denkbar, die Zellen dieses Individuums experimentell zu klonen.«

Daraufhin bricht die Polemik zwischen ihm und seinem Kollegen Axel Kahn los. Um beide Seiten darzustellen, baten wir Kahn, den Leiter des Institut Cochin für Molekulargenetik und Mitglied des Nationalen Ethikrats, sich in unserem Film zu den Arbeiten Gérard Lucottes und zum Klonen von Menschen im allgemeinen zu äußern.[43] Sein Verdikt ist eindeutig.

»Es ist äußerst, äußerst unwahrscheinlich«, sagt der Genforscher mit schneidender Stimme, »daß es irgend jemandem gelungen sein soll, einen Menschen vollständig zu klonen – und mit ›vollständig‹ meine ich die Geburt eines Klon-Babys.«

Lucotte widerspricht dieser Ansicht: »Ich glaube, es wird möglich sein – wenn es nicht schon geschehen ist –, jeden beliebigen Menschen vollständig zu klonen: Warum also nicht auch Jesus?«

Worauf Axel Khan mit süffisantem Lächeln und provozierender Gelassenheit erwidert: »Wenn keine lebenden Zellen von Jesus aufbewahrt wurden, wird man ihn auch nicht klonen können.«

Auch als wir ihm die frischen weißen Blutkörperchen auf der Tunika zeigen, weicht er nicht von seiner Meinung ab: Eine zweitausend Jahre alte DNA, sollte es so etwas tatsächlich geben, sei viel zu stark beschädigt, als daß man sich die geringste Hoffnung machen dürfte, daraus etwas zu klonen.

»Die molekulare Gentechnik leistet Erstaunliches«, entgegnet Gérard Lucotte, »insbesondere was die Rekonstruktionstechniken angeht. Ausgehend von DNA-Spuren oder stark fragmentierter DNA, läßt sich eine vollständige DNA nachbilden.«

Worauf Axel Kahn in neutralem Tonfall, aber mit einem deutlich angespannten Lächeln antwortet:

»Zur Vermehrung der Brote braucht es Brote. Man kann nicht etwas vermehren, was es gar nicht gibt. Sicherlich hätte Christus das geschafft, aber selbst er vermehrte bereits existierende Brote. Vervielfältigt man Fragmente einer DNA, kann man lediglich das kopieren, was bereits existiert. Was es jedoch nicht gibt, läßt sich auch nicht erschaffen. Wenn Sie also kleine DNA-Enden mit riesigen Löchern haben, können Sie nur ein Loch vervielfältigen und bekommen viele riesige Löcher. Material haben Sie deswegen noch lange keines.«

Doch, findet Gérard Lucotte. Und antwortet auf die Frage, ob er sich vorstellen könne, das Individuum, dessen Blutkörperchen in seinem Besitz sind, zu klonen: »Technisch ist das absolut machbar, moralisch ist das ein ganz anderer Diskurs, in den ich mich nicht einmischen möchte.«

Und damit trifft er das Hauptproblem der ganzen

Sache, zumindest was ihren juristischen Aspekt angeht. Man weiß, daß das reproduzierende Klonen von Menschen in den meisten Ländern als Verbrechen angesehen wird. In Frankreich steht auf Propaganda oder Werbung für das Klonen eine Strafe von fünfundvierzigtausend Euro und drei Jahren Gefängnis. Doch die Kommentare zur Durchführbarkeit fallen bislang noch unter die freie Meinungsäußerung. Außerdem hat der Gesetzgeber den Fall nicht berücksichtigt, in dem der Geklonte bereits seit Jahrhunderten tot ist. Wann beginnt die Verjährung?

»Bei Kühen«, ruft Axel Kahn in Erinnerung, »der Art, die sich am besten dazu eignet, gelingt das Klonen im Durchschnitt nur in einem von zwanzig Fällen.«

Trotz seiner Beredsamkeit und der Gewißheit, mit der er seine Argumente vorbringt, spüren wir einen gewissen Zweifel. Welch seltsamer Zufall: Unser Interview findet just am Tag nach einem einschneidenden Ereignis statt, welches das Hauptargument derjenigen in Frage stellt, die das Klonen von Menschen bislang für ein Hirngespinst hielten. Das südkoreanische Forscherteam um Professor Woo Suk Hwang, eines der besten der Welt, veröffentlichte soeben »Ergebnisse, die den Schluß zulassen, daß es in Zukunft ein leichtes sein wird, Menschen zu klonen«. So drückt es Axel Kahn aus, während die Nachricht in den Pariser Redaktionsstuben noch unter Verschluß ist.

Im Lauf des langen Interviews, das er uns gewährt, bemerken wir seinen wachsenden Ärger in Anbetracht der Tatsache, daß Gérard Lucotte seiner Ansicht nach den Menschen, der sein Blut in der Tunika von Argenteuil hinterlassen hat, einfach zum Klonen feilbietet. Der Gipfel seines Zorns ist erreicht, als wir ihm die Schlußfolgerungen seines Kollegen über die jüdische Herkunft dieses Mannes darlegen, die durch die Marker des Chromosoms Y bestätigt würden.

»Das läßt sich so nicht mit Sicherheit behaupten!« bemerkt er barsch. »Wenn man viele DNA-Fragmente hat, kann man mit einer gewissen Wahrscheinlichkeit sagen: Das stimmt mit einem sephardischen Juden überein oder eben mit einem Aschkenasim. Andererseits weisen die arabischen Völker und die sephardischen Juden unglaublich viele Gemeinsamkeiten auf.«

Diesem Einwand begegnet Gérard Lucotte mit dem Hinweis, daß er sich bei seinem Urteil ja auf die spezifischen Marker wie den Haplotyp J stütze.

»Es ist ein offenes Geheimnis«, fügt Axel Kahn hinzu, »daß Gérard Lucotte, ideologisch betrachtet, der neuen Rechten nahesteht. Er gehört zu denjenigen, die Gedankengut in Umlauf bringen, dem zufolge man von menschlichen Rassen sprechen kann, welche wiederum eine genetische Basis haben, die er unbedingt nachweisen will.«

Gérard Lucottes Gegendarstellung, die wir nicht filmen: »Man könnte behaupten, Monsieur Kahn sei Trotzkist, doch ich möchte mich lieber auf wissenschaftlichem Gebiet mit ihm messen. Es gab einmal eine Zeit, da unsere Labors auf demselben Flur lagen: Wir teilten uns damals die Toiletten.«

Ohne weiter auf diese standesüblichen Querelen und Verwicklungen eingehen zu wollen, scheint mir doch, daß die ideologischen Entscheidungen eines Forschers weder seine Kompetenz noch den Wert seiner Arbeiten mindern – oder die Gefahr, die womöglich von ihnen ausgeht. Ein Genforscher hat heute, wenn er denn will, die technischen Möglichkeiten, um Jesus Christus zu klonen, und ob es sich dabei um rechts- oder linksgerichtetes Klonen handelt, scheint mir ziemlich zweitrangig angesichts der zahlreichen Fallstricke, die ein derartiges Projekt beinhalten würde. Ein Projekt, das, wie ich sehe, Axel Kahn nicht im geringsten reizen dürfte und das auch Gérard Lucotte niemals durchführen wollte, wenigstens hat er sich meines Wissens weder privat noch vor laufender Kamera entsprechend geäußert. Er hat lediglich gesagt, daß es möglich zu sein scheint. Und daß die Hypothese, auf der *Das Evangelium nach Jimmy* basiert, mehr ist als nur das Hirngespinst eines Romanschriftstellers, daß ein Genforscher heute sehr wohl eine Kopie Jesu Christi anfertigen könne oder glauben machen kann, daß so etwas möglich ist.[44]

Wenden wir uns daher anderen Gefilden zu, in denen Wissenschaftler ganz offen zugeben, daß sie die Absicht haben und in der Lage sind, ein menschliches Wesen zu klonen – und sei es der Sohn Gottes.

Gérard Lucotte wird seine Forschungen auch in Zukunft voll und ganz auf die Tunika konzentrieren, dieses Füllhorn, das nie aufhört, analysewürdiges Material hervorzubringen. Als ich dies schreibe, hat er sich bereits voller Leidenschaft und Präzision auf Pollen, Sporen, Algen, Kopf- und Körperhaare gestürzt, die er auf der heiligen Reliquie entdeckt hat. Erneut ist es der Behörde für den Schutz historischer Dokumente zu verdanken, daß er einen Teil des Staubsaugerinhalts erhielt, mit dem die Tunika 2003 durch eine Expertin für historische Textilien gereinigt wurde.

Bei seinen Untersuchungen, die er derzeit in einem Labor durchführt, das dem Bureau Véritas angeschlossen ist, stieß er etwa auf die bereits auf dem Turiner Grabtuch und dem Schweißtuch von Oviedo entdeckten Pollen – *tamarix africana*, *gundelia tournefortii*, *zygophylum dumosum*, Libanonzeder, Jasmin, Euphorbie, Wacholder, Brennessel … Professor Beaulieu, vom CNRS in Marseille hat angeblich das Vorhandensein und die Identifizierung dieser Pollen bestätigt, die allesamt von mediterranen Pflanzen stammen – insbesondere ein sehr seltener Pistazienstrauch, der nur in Israel vorkommt. Sofern Gérard Lucotte nicht etwa seine Reliquienteile mit heutigen Blutkörperchen und fossilen Pollen aus dem Nahen Osten bestäubt hat, scheint die Bestätigung der Untersuchungen von Max Frei und Avinoam Danin auf gutem Wege.

Lucotte hat übrigens auch Sporen sehr alter Gräser ausfindig gemacht – vor allem einer Weizenart, die er keimen lassen möchte, so wie es Ägyptologen mit Sporen gelungen ist, die sie in Sarkophagen gefunden haben. Er hat auch Glimmer entdeckt, Sandkörnchen und diverse andere Materialien, die den Schluß zulassen, die Tunika sei mit trockenem, ja wüstenähnlichem Boden in Kontakt gekommen. Außerdem stieß er auf Schimmelsporen, die perfekt erhalten sind und nach seinem Dafürhalten den Zustand der bedauernswerten Reliquie noch ein wenig verschlimmert haben.

Doch damit nicht genug: Im Sommer 2005 wurde ich Zeuge einiger surrealistischer Abende, an denen der Genforscher mir auf Fotos die Flöhe und Läuse von Jesus zeigte, wie er ihn mit wachsender Vertrautheit nennt, wenn er Stunde um Stunde mit seinen achttausendfach vergrößerten Überbleibseln zubringt. Die Skelette dieser entzückenden Tierchen, sagt er, seien besonders widerstandsfähig und unterm Mikroskop eindeutig zu erkennen.

Und damit sind wir noch keineswegs am Ende der Enthüllungen angelangt: Der angebliche Messias soll, Lucotte zufolge, mit Schuppen übersät gewesen sein.

Diese werden derzeit bei L'Oréal untersucht, deren Labors im Falle von Jesus dieselben Analysemethoden anwenden wollen, mit denen man bereits bei Ramses II. Erfolg hatte.

Bevor wir diesen kosmetischen Exkurs abschließen, sei noch erwähnt, daß die Schuppen, so Lucotte, nicht nur ein weiterer Beweis für die vollendete Menschlichkeit des Gefolterten sind – sie enthalten außerdem DNA.

Messianic Park

»Die Philosophie der Raelianer ist in gewisser Weise eine Interpretation der Bibel. In der Bibel steht: Wir wurden erschaffen. Ja, ich glaube, daß wir erschaffen wurden, aber nicht von einem gestaltlosen Gott, der alles in sechs Tagen erledigt und sich am siebten ausruhen muß.«

Mitten im Wald in der Umgebung Montreals liegt das Grundstück namens Ufoland. Dort hat Rael das Headquarter seiner Sekte installiert. Und dort interviewte Yves Boisset Doktor Brigitte Boisselier, die mit obiger Erklärung kurz zuvor Szientisten wie Kreationisten versöhnt hatte.

Die leitende Genforscherin der Sekte, eine dralle Blondine, deren Formen sich immer wieder verändern und die bei jedem ihrer Fernsehauftritte jünger wird, versichert, bis heute etwa dreißig menschliche Klone auf die Welt gebracht zu haben, die »allesamt bei guter Gesundheit sind und inkognito bei Familien leben, die um ihr stetes Wohlbefinden bemüht sind«. Zitat Ende. Aus demselben Bewußtsein heraus verschweigt sie uns den Namen des Landes, in dem Kerntransfusion und Geburt stattgefunden haben. Der Bundesstaat Quebec dient dabei nur als Verwaltungssitz für die Korrespondenz, die Kundenbetreuung (Kontakte mit den Eltern und den Klonen), die Buchhaltung vor und nach der Operation ... Was die genetische Durchführung angeht, so war von Südkorea die Rede, doch dort wurde die Sekte des Landes verwiesen. Zuweilen wird die Elfenbeinküste genannt oder Japan, doch Frau Doktor Boisselier will uns nicht mehr verraten, um die Sicherheit ihrer Kunden wie auch ihrer Einrichtungen nicht zu gefährden. Zumindest behauptet sie, in vollem Einverständnis mit der Regierung des Landes zu handeln, das die Klone bei sich beherbergt.

»Ich habe ein Visum, ich habe Beziehungen zu den wichtigsten Leuten und kann somit frei schalten und walten. Es gibt keine Probleme. Wenn ich jedoch sagte, wir konzentrieren uns auf ein bestimmtes Land, so würde auf internationaler Ebene vermutlich Druck auf diese Regierung ausgeübt werden, und es könnten auch Fanatiker ins Land kommen, die dann etwa, wie heute die Abtreibungsgegner, Kliniken besetzen ... Ansonsten läuft alles bestens. Die Babys werden geboren, sie sind bei guter Gesundheit – reproduktives Klonen ist ein großer Erfolg.«

Nun wollen wir freilich wissen, wie die einzige Person auf der Welt, die sich rühmt, erfolgreich ein Verbrechen in Serie durchzuführen – dies gilt zumindest nach den in Frankreich und in zahlreichen anderen Ländern gültigen Gesetzen –, auf die Hypothese von einem Klon Christi reagieren würde.

»Ich bin zutiefst davon überzeugt«, erklärt Brigitte Boisselier mit der entschiedenen Gelassenheit jener Experten, die vom Erfolg ihrer Untersuchungen überzeugt sind, »daß Christus bereits geklont wurde.«

»Aha! Von wem denn?«

»Durch die Auferstehung. Die berühmte Auferstehung, von der die Christen sprechen. Hier wird schlichtweg geklont, auf eine beschleunigte, kompliziertere Weise, als ich es zuwege bringe.«

Ihre Bescheidenheit gereicht ihr zur Ehre. Die außerirdischen Wissenschaftler, die die Welt erschaffen haben, hätten demnach Jesus als Prototypen angefertigt und ihn nach seinem Tod in Serie produziert, um der Nachfrage der Verbraucher künftiger Jahrhunderte Genüge zu tun, weil ja sogar die Kirche des einundzwanzigsten Jahrhunderts ihre Zustimmung verweigert, daß er endlich auf den Markt kommt.

»Er lebt, irgendwo«, versichert Frau Doktor Boisselier und fügt dann mit feinem Lächeln zur Kamera gewandt hinzu: »Und er kommt wieder!«

Da es wohl noch nicht soweit ist, will sie, ganz angetan von dem genetischen Material, über das Gérard Lucotte angeblich verfügt, diesen in ihrem Labor empfangen, damit sie gemeinsam ein neues Duplikat des Messias herstellen können – warum nicht, sie hat nichts gegen verwandte Produkte, alle Zellkerne eignen sich, vor allem wenn es sich um tote Zellen handelt, die wiederauferstehen können, und sie hat ja noch nie postum geklont: Das Ganze reizt sie ohne Zweifel.

Rael selbst ist weniger erpicht darauf. Er trägt einen löchrigen Kittel, auf dem an einer Kette eine große Medaille mit dem Emblem seiner Sekte baumelt. Daß er dieser Sache mit Jesus mißtraut, ist deutlich zu spüren. Erstens einmal ist er selbst der Messias. Das sollte man nicht durcheinanderbringen. Er ist es, den die Elohim erwählt haben, jene berühmten Weisen eines anderen Planeten, die den Menschen dreiundzwanzigtausend Jahre vor Christi Geburt erschufen. Als er noch Automobiljournalist in Clermont-Ferrand war, wurde er von ihnen in einer fliegenden Untertasse entführt und dabei in ihre Technologie, ihre Philosophie und in ihre Projekte eingeweiht. Seitdem weiß Rael alles. Selbst das, was man nicht erklären kann. Ein seit zwanzig Jahrhunderten verschwundenes Wesen zu klonen: im Prinzip kein Problem für ihn. Er könnte ihn uns sogar an Ostern liefern, wenn er erst an Weihnachten bestellt wurde. Neun Monate, das ist seiner Meinung nach ein wenig lang, um ein Baby auszutragen. Eine künstlerisch bedingte Verzögerung, wie man es eben früher so machte. Heute hat das keine Zukunft mehr.

»Wenn man die Zellmultiplikation beschleunigt, kann man erreichen, daß der Fötus sich in einigen Wochen oder Stunden, ja sogar in einigen Minuten entwickelt, wenn man noch ein wenig Gas gibt. Ich habe diese Technik bei den Elohim gesehen, weiß also, daß so etwas funktioniert. Ich weiß nicht, *wie* es funktioniert, aber ich habe gesehen, daß es geht.«

Könnte er uns also einen Jesus in der Mikrowelle klonen? Aber natürlich. Das reizt ihn nicht besonders. Jesus, das ist doch nur ein Klacks für ihn. Ein kleiner Betriebsunfall. Ein von den Ingenieuren der Elohim mit unglaublicher Macht versehener Klon, mit unerhörten Fähigkeiten ausgestattet, um die Performance seiner Mitmenschen noch zu übertreffen – nur leider blieb er nicht auf der Spur. Machen wir uns doch nichts vor: Heute könnte die Menschheit einen Rael haben, wieso sich also mit einem anderen Retter, einem Billigmessias, zufriedengeben? Wir dürfen unser eigentliches Ziel nicht aus den Augen lassen!

»Rael, geborener Claude Vorhillon, ist ein intellektuell hochentwickelter Mensch«, betont Axel Kahn mit einer Geste, als wolle er eine Glühbirne einschrauben. Der Prophet der Elohim läßt sich demnach von den Mauscheleien der Kirche nicht täuschen: Die Geschichte dieser drei Passionstücher komme ihm, ehrlich gesagt, ein wenig leichtgewichtig vor. Verständlich. Für jemanden, der im Weltall gesehen hat, wie schlüsselfertige

Babys in weniger als vierundzwanzig Stunden produziert werden, ist die Dematerialisierung eines Toten in einem Leintuch ein wenig altmodisch.

»Stellen wir uns vor, das Grabtuch von Turin sei tatsächlich mit Jesus Christus in Kontakt gekommen«, räumt er mit charismatischer Herablassung ein. »Ich glaube nicht daran, aber stellen wir uns vor, das Blut darauf sei brauchbar, um daraus einen Menschen zu klonen, was ich auch nicht glaube. Doch stellen wir es uns einfach einmal vor, träumen wir. Man nimmt dieses Material und klont Jesus.« Er macht eine Pause, legt die Fingerspitzen vor seinem akkurat gestutzten Schnurrbart zusammen. Nachdenklich blickt er unter den Bräunungsfalten hervor. »Tja, dann haben wir einen Teil von ihm geklont. Er hat keine Erinnerung: Wir haben ein kleines Baby, nichts weiter. Und wenn man dieses Baby nun in eine buddhistische Familie gibt, wird vielleicht ein buddhistischer Mönch aus ihm, wer weiß? Alles hängt von der Erziehung ab, will ich damit sagen. Er wird weder das Bewußtsein noch die Erinnerung oder die Persönlichkeit Jesu haben. Es fehlen ihm die Informationen, die man ihm in den Kopf setzen muß, damit er eines Tages aufwacht und zu sich selbst sagt: Okay, ich bin Jesus, ich wurde gekreuzigt.«

Eine weitausholende Geste verdeutlicht die Tragweite dieser Botschaft und läßt die Elohim-Medaille an ihrer Kette hin und her baumeln. »Wenn aber niemand ihn erzieht und ihm erzählt, was ihm widerfahren ist, werden Sie niemals den Sohn Gottes zum Leben wiedererwecken. Wenn man ihm erzählt, daß er auf einer Müllhalde gefunden wurde und von Moslems großgezogen wurde, von Bin Laden vielleicht, dann wird er militant und legt womöglich eines Tages Bomben.«

Zum Glück weiß Rael, auf welcher Seite er zu stehen hat. Er weiß, wie er Christus davor schützen kann, zum Al-Qaida-Kämpfer zu mutieren. Er beruhigt Yves Boisset und erklärt ihm, daß Brigitte Boisselier und er selbst ein Projekt entwickelt haben, das einerseits daraus besteht, die physische Hülle zu klonen, und andererseits, mittels einer Mischung aus Elektronik und Informatik das Gedächtnis der geklonten Person zu speichern, um es auf den Ersatzkörper zu übertragen. All das scheint Humbug zu sein, doch Axel Kahn wirkte ganz ernsthaft, als er uns diese Technik erläuterte. Jedenfalls genügt es, daß Leute mit Geld daran glauben, damit sie rentabel wird.

Ganz mitgerissen von der Aufmerksamkeit, die Boisset ihm zuteil werden läßt, schlägt Rael ihm vor, die Nacht in seinem Palais der tausendundein Klone zu verbringen, der von engelsgleichen Nymphchen bevölkert ist. Boisset lehnt höflich ab. Ebenso wird er eine weitere Einladung zum Wochenende in der

Schweiz ablehnen, bei der Rael ihn mit seinem Lieblingsgroupie bekannt machen wollte, dem Schriftsteller Michel Houellebecq. Wenn, dann hätte Boisset Buddha oder Mohammed vorgezogen, mit denen Rael sich manchmal zum Essen unter Klonen trifft, doch sie waren leider verhindert.

»Was mich interessiert«, sagt der Guru aus Clermont-Ferrand, der im Exil in Quebec lebt, »ist eine langfristige Vision: der Zugang zum ewigen Leben durch das Klonen.«

Na dann gute Fahrt, möchte man ihm wünschen, jedenfalls ist die künstliche Reinkarnation Jesu offensichtlich nicht sein vorrangiges Ziel.

Dafür haben wir mit denjenigen Kontakt aufgenommen, die daraus ihr Lieblingsthema gemacht haben. Unter dem Namen Second Coming Project überschwemmte vor geraumer Zeit eine Sekte das Internet mit Anzeigen, in denen zu jedem beliebigen Preis nach dem Blut Christi gefahndet wurde. Das Glaubensbekenntnis war eindeutig:

»Wir begnügen uns nicht mit Ausflüchten wie: ›Jesus ist in unseren Herzen und überall zugleich.‹ Wir wollen Taten sehen. Wenn es die entsprechende Technologie gibt, sehen wir keinen moralischen, legalen oder biblischen Grund, warum wir die Rückkehr Jesu nicht beschleunigen sollten, ohne das Ende aller Zeiten abzuwarten.«[45]

Seither wurde die Website zwar verkauft, doch das konnte nicht verhindern, daß die Verhandlungen nun außerhalb des Netzes ablaufen, wie unser amerikanischer Gewährsmann aus FBI-Kreisen hörte. Wie aber soll man das überprüfen? Seine Quellen kann er nicht benennen. Außerdem hat sich der Begründer des Second Coming Project geweigert, vor laufender Kamera Stellung zu nehmen. Zunächst behauptete er ohnehin, das Projekt sei nur ein riesiger Aprilscherz. Als sein Interviewer nicht lockerließ, erklärte er, sein Leben sei in Gefahr, wenn er sich zu dem Thema äußere.

Einerlei, ob es sich um einen Bluff handelt oder nicht, seine Website stand mit den satanischen Netzwerken in Verbindung, auf die Garza-Valdés Johannes Paul II. bei ihrer Unterredung im Jahr 1998 hinwies.

»Man wird Christus niemals zu hundert Prozent klonen können«, sagte der Mikrobiologe damals zum Oberhirten der Kirche. »Wenn man die geringe Menge Blut benutzt, die man besitzt, erhält man ein unvollständiges Genom. Es wird ein Individuum mit einem Teil der Gene Christi sein, ein Monster, ein Frankenstein – mit anderen Worten: der Antichrist.«

Daß er die Bezeichnung im Singular verwendet, weist ihn als Optimisten aus. Die Genforscher bemessen das Problem des Klonens von Menschen nicht nach seiner Machbarkeit, sondern an dem Prozentsatz der Fehlversuche. Wenn es je gelingen sollte, Embryonen aus der

DNA von Reliquien zu klonen, wie viele davon würden am Leben bleiben? Einer von zwanzig, wie bei Kühen? Würde man Massenaufzucht auf einer einsamen Insel betreiben, unter strengster Geheimhaltung, als Spielzeug eines senilen Milliardärs, der sich wie eine Figur aus einem Spielberg-Film seinen privaten Messianic Park gönnt? Oder könnte eine politische Fraktion diesen genetisch erzeugten Jesus für ihre Zwecke einspannen, wie ich es in *Das Evangelium nach Jimmy* geschildert habe?

Was im Roman über die geistige Vaterschaft des Klons steht, ist leider alles andere als fiktiv. Es gibt kein Patent auf den Menschen, wohl aber auf seine Herstellungsmethode. Ob es nun tatsächlich einen Jesus II. geben wird oder nicht, sein geistiges Eigentumsrecht und die Nutzungsbestimmungen sind bereits vergeben. Nachzulesen in einem Buch des Genforschers Bertrand Jordan.[46]

Eines ist klar: Nicht die Persönlichkeit eines Klons kann patentiert werden, wohl aber die mit seiner Konzeption verbundene technische Innovation. Wenn der mutmaßliche Christus auf die gleiche Weise erzeugt wird wie das Schaf Dolly, könnten Firmen wie Infigen oder Advanced Cell sich um die rechtliche Vaterschaft des dabei entstandenen menschlichen Erzeugnisses streiten – und zumindest ihr Copyright geltend machen. Die einzige Methode, die funktioniert, ist bis heute die der Übertragung des Zellkerns. Infigen hatte sich die Rechte vor der Geburt von Dolly durch die Firma Advanced Cell patentieren lassen, und zwar für alle Formen des Klonens, das von erwachsenen Zellen ausgeht. Nach einer wahren Lawine für die Rechtssprechung entscheidender gerichtlicher Auseinandersetzungen kamen die gegnerischen Parteien schließlich in Sachen Schaf zu einer finanziellen Einigung.

Somit werden die großen Gewinner in dieser Auseinandersetzung weder die Christen noch die Satanisten sein, nicht die Politiker und auch nicht die Genforscher, sondern aller Wahrscheinlichkeit nach die Juristen.

Als ranghoher Funktionär der katholischen Kirche nimmt Kardinal Bertone die Bedrohung durch diejenigen, die in vitro einen neuen Messias erzeugen wollten, durchaus ernst – und fürchtet dabei ihre Fehlversuche ebenso wie die Chance auf einen geglückten Versuch.

»Jesus zu klonen«, vertraute er uns an, »halte ich technisch nicht für machbar, denn wir haben es hier mit einer einzigartigen Persönlichkeit zu tun, die nicht reproduzierbar ist, mit dem Sohn Gottes.«

Dieses Argument rührt eher an Theologisches als an die Naturwissenschaft, und doch ist es die heute offiziell vom Vatikan vertretene Position. Monsignore Bertone ist dabei noch höflich. Ein anderer Prälat der römischen Kurie, Sprecher für bioethische Fragen, bekam einen Wutanfall, als wir uns mit der Bitte um ein Interview an ihn wandten, drohte jedweder Person, die öffentlich die Hypothese von einem Klon Christi vertrete, mit der Exkommunikation. Das beträfe eine Menge Leute!

Man fragt sich also, wie die Kirche reagieren würde, wenn sie sich eines Tages einem menschlichen Wesen gegenübersähe, das aus dem Blut Christi geklont wurde. Zweifellos würde sie ihm die Tür vor der Nase zuschlagen, mit den Worten Petrus' bei der Gefangennahme Jesu: »Ich kenne den Menschen nicht.«

Außerhalb der Kirche verfügt, Garza-Valdés zufolge, weltweit ein knappes Dutzend Wissenschaftler über Blutproben vom Turiner Grabtuch – diejenigen, die Proben aus Oviedo oder Argenteuil besitzen, nicht mitgerechnet.

»Sie werden niemals das Blut Christi verkaufen«, versichert Garza-Valdés. »Sie werden sich nicht prostituieren.«

Er selbst hat sich jedoch problemlos von Riggi beliefern lassen – gratis, wie er betont. Und nichts beweist, daß die Grabräuber der Tunika von Argenteuil 1984 nicht ein paar Blutgerinnsel abgesaugt haben, bevor sie die Reliquie wieder zurückgaben.[47] Wer weiß außerdem, ob die fromme Gattin General Francos als Gegenleistung für den Lippenstiftkuß auf dem Schweißtuch von

Oviedo nicht einen kleinen Vorrat an Blutkörperchen auf Tesafilm hat mitgehen lassen?

Es ist der 26. September 2005. Während ich gerade dabei bin, dieses Kapitel zu beenden, ruft mich Professor Lucotte an, um mir eine unglaubliche Neuigkeit mitzuteilen: Die jeweils zuständigen Wissenschaftler und Geistlichen des Turiner Centro haben soeben dem Beginn eines Materialaustausches zugestimmt. Als Gegenleistung für ein Fragment der Tunika und den genetischen Fingerabdruck, den er von dem Passionstuch aus Argenteuil gemacht hat, wird Lucotte, so ist es vertraglich vereinbart, in zwei Tagen eine offizielle Faser der Grabtuchs erhalten, die mit Blut getränkt und mit einem Echtheitszertifikat versehen ist, damit er seinerseits den gentechnischen Vergleich durchführen kann. Ich weiß nicht, was ich von diesem Coup halten soll. Ist nun die Stunde der Wahrheit gekommen – oder die der weiteren Verschleierung?

Am 17. November 2005 erfahre ich das Ergebnis aus Turin: Ein und dieselbe DNA ist auf dem Grabtuch wie auf der Tunika vorhanden. Die Wahrscheinlichkeit, daß ein und derselbe Mensch sein Blut in den beiden Reliquien hinterlassen hat, liegt nun bei 99 Prozent. Doch wie immer, wenn bei unserem Thema die Wissenschaft einen Fortschritt macht, kompliziert die neue Entdeckung die Gesamtsituation so sehr, daß das

Problem dadurch nicht gelöst wird. Nach der von Lucotte durchgeführten Haaruntersuchung war der Gegeißelte der Tunika bartlos und trug das Haar ganz kurz. Er paßt demnach nicht zu dem Bild, das sein Körper nach dem Tod auf den Fasern des Grabtuchs hinterlassen haben soll.

Wenn dies erneut das Werk eines Fälschers ist, so haben wir ihn diesmal in flagranti einer Nachlässigkeit überführt. Wenn die DNA aber doch diejenige von Jesus Christus ist, was ist dann geschehen? Hatten die Römer den »König der Juden« in einer erniedrigenden Vorbereitungsübung auf die Geißelung rasiert und geschoren? Dann hätte der Gekreuzigte uns post mortem sein Gesicht *vor* der Folter hinterlassen. Das aber wäre definitiv das Hirngespinst eines Romanschriftstellers. Mögen die Forscher der Kirche daher ihre eigenen Theorien aufstellen – oder den Mantel des Schweigens darüber breiten.

Jedenfalls scheint heute nichts eindeutig zu beweisen, daß es möglich ist, ausgehend von den Reliquien zu klonen, doch die Nachfrage besteht nach wie vor, und das Angebot ist entsprechend. Um so mehr, als die drei Passionstücher vielleicht nicht die einzigen Einnahmequellen sind … Das Blut Christi, so scheint es, tröpfelt wieder ganz ordentlich.

Ein Beweis aus Gottes Hand?

Im achten Jahrhundert liest ein Mönch in dem Dorf Lanciano in den Abruzzen gerade die Messe. Er hat ein Problem: Er glaubt nicht mehr, daß das Blut und das Fleisch Christi tatsächlich in den geweihten Gegenständen vorhanden sind. Also betet er zu Gott, er möge ihm ein Zeichen senden. Und plötzlich wird der Meßwein vor den Augen der Gläubigen zu Blut, und die Hostie verwandelt sich in ein Stück Fleisch.

Dies könnte man als eine hübsche Legende unter vielen anderen abtun, wären die fraglichen Produkte nicht heute noch, ohne jeglichen Zusatz von Konservierungsstoffen, unerklärlicherweise ganz frisch.

1970, 1971 und 1981 wurden im Labor des Krankenhauses von Arezzo unter der Leitung von Odoardo Linoli, Professor für Anatomie, Chemie und klinische Mikroskopie, und von Professor Bertelli von der Universität Siena wissenschaftliche Untersuchungen durchgeführt. Was dabei herauskam, klingt ganz nüchtern: Das Stück Fleisch ist ein Teil eines menschlichen Herzens, das mit der eines großen Chirurgen würdigen

Präzision herausgetrennt worden zu sein scheint. Was das Blut betrifft, so behält es, wenn man es wieder in seinen flüssigen Zustand zurückversetzt, all seine chemischen und physikalischen Eigenschaften, normalerweise hingegen hören die biologischen Aktivitäten des Blutes eine Viertelstunde nach Entnahme auf. In unserem Fall aber hat es zwölf Jahrhunderte lang sämtlichen Facetten atmosphärischer Verschmutzung widerstanden, und bei den unterschiedlichen Analysen kommt immer dasselbe Diagramm heraus, als handele es sich um Blut, das man wenige Minuten zuvor einem lebendigen Wesen abgezapft hätte. Wer nach einer rationalen Erklärung sucht, schlage bitte im Kapitel »Fälscher dringend gesucht« des vorliegenden Buches nach: Die geistliche Obrigkeit und die medizinischen Experten tauschen vermutlich während der Untersuchungen das alte Blut gegen neues aus. Ich sehe keine andere Schlußfolgerung, als daß es sich hier um ein meßbares, quantifizierbares Wunder handelt, das sich wiederholt – was genau der Definition eines naturwissenschaftlichen Phänomens entspricht.

Das Blut von Lanciano gehört wie dasjenige auf den Passionstüchern der Blutgruppe AB an. Eine Analyse seiner DNA wird derzeit in den USA, in Tennessee, durchgeführt, bei einem gewissen Doktor Reeves. Bislang sind noch keine Ergebnisse durchgesickert.

Man sollte annehmen, daß das Wunder von Lanciano

einzigartig ist. Von wegen: Am 7. Dezember 1976 begann in Betania, Venezuela, eine Hostie zu bluten, als der Priester bereits ein Stück davon abgebissen hatte. Es war am Vorabend des Festes der Unbefleckten Empfängnis, und so wurde eine beträchtliche Menschenmenge Zeuge des Geschehnisses. Der dortige Bischof veranlaßte, daß die blutende Hostie an das beste medizinische Labor in Caracas geschickt wurde, um einen eventuellen Betrug aufzudecken. Doch auch dort stellte sich eine absolute Mißachtung der physikalischen Gesetze heraus. Das Blut war das eines Menschen der Blutgruppe AB – was uns schon nicht mehr überrascht. Seltsamer ist, daß es »lebende Fasern eines ebenso lebendigen menschlichen Herzens« enthielt: »Myokarde, Endokarde, Nervus vagus, linke Herzkammer ...« Genau die Elemente, die auch das Stück Fleisch in Lanciano aufwies. Als hätten wir die Lektion noch nicht begriffen, und sie müßte uns noch deutlicher eingehämmert werden.

Die in Betania und in Lanciano gefundene DNA wird sorgsam unter Verschluß gehalten. Sollte also die Kirche selbst ein geheimes Informationszentrum aufgebaut haben, um sich vor den Genforschern zu schützen? Eine derartige Hypothese würde spätestens durch die blutenden Ikonen von Alberobello Lügen gestraft.

Apulien, Süditalien. Am 3. Mai 2003 will Pater Chiriatti Medikamente in seinem Zimmer holen gehen, als er plötzlich vor der Madonna mit Kind stehenbleibt, die auf der Ikone über seinem Betstuhl dargestellt ist. Ihr Gesicht ist ganz fleckig – sollte etwa ein Meßknabe sie verunreinigt haben? Der stark kurzsichtige Geistliche setzt seine Brille auf. Tatsächlich, die Jungfrau weint! Tiefrote Tränen. Pater Chiriatti ruft seine Nachbarn, und alle bestätigen, daß die gemalten Augen eine Substanz absondern, die an Blut erinnert.

Das Phänomen hält eine halbe Stunde an. Nachdem er es gefilmt hat, stellt der Geistliche seine Videokamera wieder hin und tupft die Tränen der Madonna mit seinem Taschentuch ab, das er anschließend im Labor untersuchen läßt.

Ein Jahr später fängt Jesus zu bluten an: Pater Chiriattis zweite Ikone, die an der gegenüberliegenden Wand aufgehängt ist – eine Darstellung des Antlitzes auf dem Turiner Grabtuch. Diesmal handelt es sich nicht um Tränen, sondern um blutigen Schweiß: Sieben Ströme laufen von der Stirn herab, an den Wangen entlang, rieseln durch den Bart und tropfen vom Rahmen herab. Wieder dieselbe Reaktion bei dem Geistlichen: Er holt Zeugen, dreht ein Video und nimmt eine Probe – in Anwesenheit von ungefähr fünfzig Personen und einer Streife der Carabinieri, die alle das Pfarrhaus belagern und das Wunder bezeugen.

Die Analyse des Blutes von Jesus wird im Genlabor der Universität Bologna durchgeführt, einem der besten Europas, auf das Polizei und Geheimdienste zahlreicher Länder zurückgreifen. Dort wird es anschließend mit dem von Maria aus dem Vorjahr verglichen, und siehe da: Es ist ein und dasselbe Blut. Und die gleiche DNA. Beides stammt von einem Mann, und die Zusammenfassung des Untersuchungsberichts, die im Frühjahr 2005 veröffentlicht wird, ist eindeutig: »Die Konfiguration der genetischen Eigenschaften, die im Y-Chromosom gefunden wurde, stimmt mit keiner in der internationalen Datenbank vorhandenen Konfigurationen überein, und darin sind die Daten von zweiundzwanzigtausend Männern aus siebenundachtzig verschiedenen Populationen verzeichnet. [...] Die statistische Wahrscheinlichkeit, im Laufe von Jahrtausenden einen analogen Bluttyp zu finden, liegt bei eins zu zweihundert Milliarden.«

Doch nichts hindert uns daran zu glauben, der brave Pfarrer oder ein Spaßvogel unter den Nachbarn habe sich eine Probe dieses seltenen Blutes besorgt und es durch einen cleveren Trick aus dem Bild tröpfeln lassen – so wie etwa Zauberkünstler vorgehen, wenn Kunstwerke plötzlich zu bluten beginnen. Diesmal jedoch ist es anders: Die an den Ikonen von Alberobello durchgeführten diversen Untersuchungen und Analysen schließen jedweden Betrug oder auch Laborfehler kategorisch aus. 2003 und 2004 war das Blut *frisch*, und die Genforscher bestätigen, daß weltweit niemand in der Lage ist, heute ein Blutbild mit analogen Eigenschaften zu produzieren, da die in der Datenbank gespeicherten Daten den Schluß zulassen, der Mensch mit dieser DNA habe keine Nachkommen gehabt.

Als ich diese Zeilen schreibe, dauern die Untersuchungen an, denn an der Universität Bologna wird das Blut aus Apulien mit dem von Lanciano, Betania, Turin und Oviedo verglichen. Was die Ergebnisse dieser blutigen Testserie angeht, werden wir ständig vertröstet: Als Gérard Lucotte zu Professor Lenzi, einem der Genforscher in Bologna, Kontakt aufnimmt, ist dieser gerade damit beschäftigt, das Blut zu untersuchen, das sich in Kreuzform auf einer Mauer in der Umgebung gebildet hat – der Ziegel, der es als Zeuge auffing, faßte eineinhalb Liter.

Ohne hier den Spaß am Glauben nehmen zu wollen, ist dies doch der Tropfen, der das Faß zum Überlaufen bringt. Es kommt mir vor, als würde ich hier das *Große Guinness-Buch der Wunder* schreiben. Was soll man von alldem halten? Warum pfeifen so viele namhafte Wissenschaftler auf die Vorbehalte der Kirche und versuchen uns davon zu überzeugen, daß unsere heutige Realität die der Serie *Akte X* ist? Die Erscheinungen, die ich zitiert habe – und das waren nur einige wenige unter vielen ähnlichen –, sind ganz offensichtlich das Ergebnis eines überspannten Willens. Handelt es sich hier um ein himmlisches Wunder, die Machenschaften des Teufels oder menschlichen Betrug in großem Stil, der in einem letzten Kreuzzug Gläubige und Wissenschaftler im Kampf gegen die Feinde der Christenheit vereint?

Ich werde in meiner Ikonoklastie noch weiter gehen, denn wenn ich den Herrscher über die Bioethik im Vatikan so reden höre, riskiere ich eh nichts mehr: Ohne mein Wissen wurde ich bereits nach der Veröffentlichung meines Romans *Das Evangelium nach Jimmy* exkommuniziert. Kleinlaut und zerknirscht klebe ich ein »*Just excommunicated*« auf die Rückscheibe meines Wagens und stelle nun die Frage, die ebenso viele Hämatologen wie Theologen beschäftigen dürfte: Wenn es so viele übersinnliche, gleichgeartete Phänomene gibt, wie ich sie gerade beschrieben habe, kehrt der Messias dann in Gestalt von roten Blutkörperchen, die sich klonen lassen, zurück?

»Als Gott den Menschen nach seinem Bilde schuf, wollte er, daß der Mensch zum Schluß wie Gott würde«, predigt Richard Seed, der Genforscher und Medienliebling aus Chicago. »Das Klonen ist die erste ernsthafte Etappe des Menschen auf dem Weg zu Gott.«

Soll das heißen, Gott selbst würde zum Klonen seines Sohns ermuntern? Diese ketzerische und moralisch niederschmetternde Hypothese wird dennoch von mehreren religiösen Genforschern vertreten, die versuchten – und immer noch versuchen –, die USA daran zu hindern, das Klonen von Menschen zu verbieten. Lanciano, Betania, Alberobello und all die Ergießungen vom gleichen Schlag – darin sehen einige dieser Erleuchteten nicht nur ein Wunder, sondern zugleich eine Ermutigung. Daß hier wiederholt Blut austritt, und zwar zehnmal mehr als früher, muß man, so denken sie, doch als Zeichen dafür interpretieren, daß hier Rohstoffe geliefert werden, Zellkerne, die in die Eizellen von Jungfrauen eingepflanzt werden können, eine Kollektion zum Sofortgebrauch!

Und sie stricken ihre Überlegungen noch weiter: Was will Jesus uns sagen, wenn er denn tatsächlich hinter all diesen Blutspenden steht? Handelt es sich um ein Postskriptum zur Botschaft der Evangelien? Er sagte: »Nehmet hin und trinket, dies ist mein Blut.« Fügt er jetzt hinzu: »Nehmet hin und klonet«?

Einige glauben daran. Andere nehmen daran Anstoß oder spotten darüber. Wieder andere, zu denen auch ich zähle, sind mißtrauisch. Axel Kahn stellte die Hypothese vom Klonen eines Menschen unter eine conditio sine qua non: das Vorhandensein von lebenden Zellen. Und die gibt es ja. Zumindest wären wir in der Lage, ein Kind zur Welt zu bringen, dem wir mittels seines genetischen Fingerabdrucks einreden, es sei der Klon Christi. Die Folgen derartiger pseudo-göttlicher Machenschaften für den Menschen habe ich in meinem Roman ausgemalt, in dem ein areligiöser Swimmingpool-Reparateur vom Weißen Haus zum Messiaskandidaten gekürt wird.

Doch zum Schluß möchte ich mit einer guten Nachricht aufwarten. Die DNA auf der Tunika von Argenteuil und diejenige auf der Ikone von Alberobello wurden auf Initiative von Professor Lucotte und Professor Lenzi gerade miteinander verglichen. Die beiden DNAs, so ihr Verdikt, stammen wahrscheinlich von einem Juden aus dem Nahen Osten (Argenteuil gehört zum Haplotyp J, Alberobello zum Haplotyp K). Dennoch, so seltsam dies angesichts der von der Wissenschaft abgesegneten Wunder in Serie auch scheinen mag – die Marker sind eindeutig: Es handelt sich *nicht* um ein und denselben Mann.

Doch was wäre bei einem gegenteiligen Resultat geschehen? Wie würden wir reagieren, wenn man uns morgen, gestützt auf eindeutige Beweise, eröffnete, daß das Blut von Lanciano, Betania und Alberobello, das auf verschlungenen Wegen zu uns gelangt ist, von einem gekreuzigten Rebellen aus dem Jerusalem zu Zeiten des Pontius Pilatus stammt?

Was für eine Auswirkung hätte es auf den Glauben, wenn uns auf einmal die Vernunft zwänge zu glauben?

Anleitung zur Auferstehung

Auch wenn es mir schwerfällt, möchte ich mich an dieser Stelle um absolute Unparteilichkeit bemühen. »Wenn ich eine Wahrheit ausspreche«, schreibt Marcel Aymé, »drängt sich mir sofort eine gegenteilige Wahrheit auf, die ich unbedingt mit demselben Eifer ausloten und aussprechen muß.« Bei einem Thema jedoch, bei dem ich bereits ebenso viele Ungläubige wie Christen vor den Kopf gestoßen habe, scheint es mir angebracht, in diesem Kapitel einmal meinen Glauben zu Wort kommen lassen und nicht nur die Fakten.

Wie sich gezeigt hat, ist mein Glaube alles andere als orthodox: Er basiert auf Lebensfreude, kritischem Geist, der allmächtigen Freiheit der Kindheit, die wir Jesus zufolge wieder anstreben sollten, und vor allem auf dem Gefühl der Empathie, der instinktiven Gewißheit, daß wir alle eins sind, Katzen, Bäume, Worte, die Erde, daß wir ein Fragment eines zersplitterten Hologramms sind und wiederum selbst das gesamte Hologramm in uns tragen. Nennen wir es Liebe, auch wenn es vielleicht lächerlich klingen mag.

Was ist Liebe? Das Gefühl der Einheit, die durch unzählige Brüche zusammengehalten wird.

Was mich an unerklärlichen Phänomenen interessiert, seien sie nun mystischer oder schlicht paranormaler Natur, ist die Herausforderung, die sie für die Intelligenz darstellen. Intelligenz im ursprünglichen Sinn: Verbindungen schaffen, den interaktiven Charakter von allem, was uns umgibt, erkennen, egal, ob sichtbar oder unsichtbar. Intelligenz kann sich ohnehin nur entwickeln, wenn sie Herausforderungen annimmt.

Mit anderen Worten, wir sollten uns nicht mehr verbissen darum bemühen, eine Welt, die wir nicht begreifen, mit unseren Denkschemata zu erfassen, sondern diese Schemata ändern, wenn sie die Welt nicht mehr entziffern können. Oder einfach das Prinzip dieser Schemata selbst in Frage stellen.

Wenn man das Licht mit einem Gerät mißt, das Teilchen identifiziert, stellt sich das Licht als Partikel dar. Mißt man es jedoch mit einem Gerät, das auf Wellen geeicht ist, läßt es sich als Welle identifizieren. Es kann jedoch nicht beides *zugleich* sein: Dieses allgemeingültige physikalische Gesetz kann jederzeit gebrochen werden. Zu dem Schluß, die Natur der Dinge ergebe sich aus ihrer jeweiligen Betrachtungsweise, ist es nun nur noch ein kleiner Schritt, und die Quantenphysik hat ihn bereits vor geraumer Zeit getan. Sie geht noch weiter: Die Realität spiegelt nur unser Bewußtsein wider. Und sie sagt sogar: Die Realität spiegelt unser Bewußtsein wider, mittels Interaktion, wie Trinh Xuan Thuan erläutert.[48]

Diese umwälzende Hypothese wurde vor kurzem im Labor von Doktor René Péoc'h bewiesen.[49] Dieser unabhängige Forscher, der eine medizinische Doktorarbeit über die Psychokinese bei Küken geschrieben hat – das heißt, über ihr Vermögen, durch ihren bloßen Willen einen Roboter, den sie als Mutter anerkennen, anzulocken[50] –, dieser Forscher hat über tausendfünfhundertmal das folgende Experiment durchgeführt.

Ein Computer zeichnet den Weg eines kleinen, mit einem Motor versehenen Roboters auf, der sich während eines Intervalls von zwanzig Minuten nach dem Zufallsprinzip mal nach rechts, mal nach links bewegt, und zwar in etwa im Verhältnis 50:50. Sechs Monate später nehmen Beobachter die im Computer gespeicherten Strecken auf. Péoc'h bittet sie jedoch, sich vor dem Öffnen der entsprechenden Datei darauf zu konzentrieren, daß sich der Roboter öfter nach links oder auch nach rechts bewegt hat. Und siehe da, einige kommen auf bis zu zwölf Wiederholungen in ein und dieselbe Richtung! Das heißt, daß die Ergebnisse, die auf dem Bildschirm erscheinen, nur mit einer Wahrscheinlichkeit von eins zu zehntausend durch das Zufallsprinzip beeinflußt wurden. Allerdings unter einer Bedingung: Die Bewegungen des kleinen Roboters durften in dem Augenblick, in dem sie aufgezeichnet wurden, keine Zeugen haben. Hatte jemand bereits die Ergebnisse beobachtet, konnten diese später nicht mehr modifiziert werden. Gleiches gilt für den durch den Willen beeinflußten Prozentsatz: Man kann ihn nachträglich nicht mehr ändern. Das Bewußtsein erschafft die Realität.

Doch diese Fähigkeit, die Norm zu verändern, in Raum und Zeit durch den Gedanken auf die Materie einzuwirken, läßt sich nicht nur bewußt ausüben. Ich denke an stigmatisierte Menschen, jene Personen, die dem Mystizismus anheimgefallen sind und am eigenen Leib die Leiden Christi erfahren – das ist wissenschaftlich bewiesen, die Medizin hat es schon vor Jahrhunderten festgestellt, und die paar simulierenden Witzbolde, die sich selbst verstümmeln, sind leicht zu enttarnen. Wenn man nicht Nägel in seine Handgelenke treibt, kann man eine derartige psychosomatische Erscheinung – denn um nichts anderes handelt es sich hier – nicht simulieren. Selbst wenn einige dieser Menschen ganz naiv glauben, da schlüpfe Jesus in sie hinein, um nochmals die Passion zu durchleben, ist es doch das Unterbewußtsein, das ihrem Körper in dem Eifer, es Jesus gleichzutun, die Folgen des Martyriums auferlegt. Der Beweis? Stigmatisierte Menschen haben immer an den Handflächen geblutet; heute jedoch weiß man, daß die Nägel nur in die Handgelenke getrieben worden sein konnten, wie auch auf dem Turiner Grabtuch zu sehen ist. Doch die seit Jahrhunderten gültige religiöse bildliche Darstellung hat sich ins Unterbewußtsein eingegraben, und diese Menschen bluten daher in Anlehnung an Kunstwerke.

Worauf ich hinauswill? Auf die wichtigste Information, die uns durch das, was wir der Einfachkeit halber Wunder nennen, vermittelt wird: Die Realität ist nicht das, wofür wir sie auf den ersten Blick halten. Sie ist ebensowenig definiert, begrenzt und unumkehrbar, wie wir glauben. Und genau das ist in meinen Augen die entscheidende Lehre Jesu, eine Botschaft, die jegliche dogmatische Verbohrtheit kategorisch ausschließt: die Nächstenliebe und das Bewußtsein, mit allem, was uns umgibt, in ständigem Austausch zu leben. Dies ist meines Erachtens der erste Schritt zum Einssein, der uns erlaubt, in das »Königreich Gottes« einzutreten – und dieser Passus heißt im Aramäischen, das durch die Übersetzung entstellt wurde, ursprünglich: »in Gottes Leben selbst«. Wenn Jesus sich in einem Leinentuch dematerialisiert und dabei die Signatur eines genetisch ganz normalen Menschen zurückgelassen hat, dann will er uns vielleicht ebenfalls zu einer Metamorphose einladen.

Doch die Gebrauchsanweisung, wie man zum Schmetterling wird, findet sich im Gegensatz zu dem, was manche Genforscher glauben, nicht in den Überresten des von der Raupe, die nun eine andere Form angenommen hat, verlassenen Kokons. Der Kokon ist allenfalls eine Gedächtnisstütze. Ein Gegenstand, der Respekt und Forschergeist verlangt, gewiß, eine Herausforderung an den Verstand, doch kein Behälter für Substanzen, aus denen man einen neuen Schmetterling basteln kann.

Wenn Jesus uns also zum Klonen auffordert, handelt es sich um ein geistiges Klonen. Wir sollen unseren alten Zellkern durch das, was er uns anbietet, ersetzen und ihn neu programmieren. So steht es bereits im Zentrum von Paulus' Gedankengut, wie es der große Theologe Claude Tresmontant erläutert, der darin eine »genetische Perspektive« erkennt, deren Wirkung sich erst heute voll entfaltet.[51]

»Und stellt euch nicht dieser Welt gleich«, schreibt Paulus im Brief an die Römer, »sondern ändert euch durch Erneuerung eures Sinnes.«

Es muß also der alte Mensch in uns sterben, damit der neue Mensch geboren werden kann. Tresmontant sah darin den Sinn der Auferstehung, um nicht zu sagen: ihre Gebrauchsanleitung. Dieser alte Mensch, der noch immer in unserem Gehirn nistet, ist derjenige der ersten Schöpfung. Paulus nennt ihn den »Vormenschen«. Der Mensch war bei seiner Geburt zwangsweise unvollkommen, damit er sich durch Herz, Verstand und Glauben weiterentwickeln konnte. Wenn

Jesus sich Gottessohn nennt, dann deshalb, weil er sich als Prototyp dessen sieht, was der Mensch am Ende der zweiten Schöpfung wird, wenn er die ihm einprogrammierte Metamorphose vollzogen hat.

Wie sieht diese Metamorphose aus? Wie bei der Raupe, die zum Schmetterling, und der Kaulquappe, die ein Frosch wird: eine genetische Revolution. »Als Jesus begann, die neue Programmierung zu lehren«, schreibt Tresmontant, »hatte er kein eigenes Stück Land, er besaß nicht einmal einen Ort, an dem er sein Haupt betten konnte. Absichtlich verzichtete er auf jeglichen Besitz und empfahl ausdrücklich, keine Schätze anzuhäufen. Was sein Verhältnis zur politischen und militärischen Obrigkeit angeht, so legte er eine Unabhängigkeit an den Tag, zeigte eine so deutliche Distanz, ja Gleichgültigkeit, daß er damit zwangsläufig mit dem, was eine Diktatur, egal ob links- oder rechtsgerichtet, fordert, in Konflikt geraten mußte. Er hat ganz offensichtlich eine neue Norm gelehrt, die im Widerspruch zu den alten Programmen steht, wie sie in unserem Gehirn seit Anbeginn der Menschheit festgeschrieben sind, Programmen, die weit vor dem Auftreten des Menschen ausgearbeitet wurden.«[52]

Diese alten Programme, die noch aus dem Tierreich stammen, schreiben beispielsweise vor, auf Aggression mit Gegenaggression zu antworten. Früher war dies durchaus sinnvoll, heute aber ist es nicht nur hinfällig, sondern sogar gefährlich, wir müssen heute der Aggression durch unseren schöpferischen Geist entgegentreten – sprich, zu Gottes Mitarbeitern werden, indem wir wachsen und uns weiterentwickeln, anstatt zu zerstören.

Über all dies kann die Kaulquappe natürlich nur lachen, denn sie sieht nicht, wie aus ihr ein Frosch werden könnte, schließlich »hat man seit Kaulquappengedenken nie eine derartige Verwandlung gesehen«. Da erfindet Tresmontant ein großartiges Gleichnis: Er läßt zwei Kaulquappen auftreten, eine Bergsonsche und eine der Vereinigung der Rationalisten zugehörige. Letztere erklärt ersterer, daß ihre Geschichte von der Metamorphose verworrener Mystizismus ist, billiger Obskurantismus:

»Wie soll man sich vorstellen, daß unsere Kiemen sich in Lungen verwandeln, und warum sollten wir an der frischen Luft atmen, wo wir doch fürs Wasser geschaffen sind?«

Die Bergsonsche Kaulquappe erwidert: »Ich weiß nicht genau, was aus uns wird, und ebensowenig wie du kann ich mich mit meinem Kaulquappengedächtnis daran erinnern, dieses neue Wesen gesehen zu haben, zu dem wir werden sollen. Doch ich weiß, daß diese Verwandlung in meinen Genen und meinem biologischen Unterbewußtsein verankert ist.«

»Der Rationalismus«, entgegnet die Kollegin voller

Stolz, »besteht darin, felsenfest zu behaupten, daß wir auf immer und ewig Kaulquappen sein werden.«

Bleiben wir bei den Amphibien, denn ich möchte dem Gleichnis von den Kaulquappen noch eine unglaubliche Entdeckung hinzufügen, die Ende des zwanzigsten Jahrhunderts gemacht wurde. Bekanntlich ist die Kaulquappe zur Regeneration fähig: Wenn man ihr einen Körperteil abtrennt, wächst er nach. Wird die Quappe aber zum Frosch, verliert sie diese Fähigkeit. Wenn man dem Frosch ein Bein abtrennt, wächst es nicht mehr nach, sondern es bildet sich lediglich eine Narbe. Heißt das, da die ehemalige Kaulquappe nun zu höherem Bewußtsein gelangt ist, erkennt sie die Folgen des Schadens und kann nicht mehr daran glauben, der frühere Zustand könne durch ein Wunder wiederhergestellt werden? Um dem Tod zu entgehen, heilt der Organismus die Wunde, sonst nichts. Forscher haben jedoch herausgefunden, daß man die Narbenbildung durch wiederholtes Auftragen von Natriumchlorid verhindern kann und der Frosch dann angesichts der Krisensituation den Speicher in seinen Zellen aktiviert und wieder Gewebe regeniert, das Bein also nachwachsen läßt.[53]

Es scheint, als werde ein analoger Prozeß bei den spektakulären Heilungen in Gang gesetzt, die Ärzte in Lourdes festgestellt haben; Pierre Lunel, der Präsident der Universität Paris-VIII, hat ein beeindruckendes

Buch darüber geschrieben.[54] Ausgelöst durch Gebete, den inneren Druck oder den vor Ort verbreiteten Glaubenseifer, setzen Hypophyse und Hypothalamus »Botenmoleküle« frei, welche die Stammzellen in den embryonalen Urzustand zurückführen sollen, um so das Organ oder die Funktion, wie sie ursprünglich gedacht waren, wiederherzustellen.

Die Zahl der Fälle und die Ergebnisse der medizinischen Forschung bei der Untersuchung von »Wundern« machen Leute wie mich sprachlos, die es eigentlich mit dem klugen Skeptizismus eines Émile Zola halten, der Zeuge einer zweifachen, von der Medizin anerkannten Spontanheilung wurde: bei zwei Frauen, die er unter den Pilgern eigentlich als Vorbilder für zwei Figuren eines Romans auserkoren hatte, in dem der in Lourdes herrschende Aberglaube lächerlich gemacht werden sollte.[55] Der Ehrenmann Zola gab vor Zeugen zu: »Nicht ohne Verwunderung wurde ein heimlicher Heilungsprozeß festgestellt.« Marie Lebranchu, die im Roman Grivotte heißt, litt an einer weit fortgeschrittenen Tuberkulose und wurde unter Zolas Augen wieder vollkommen gesund. In seinem Roman läßt er sie sterben. In Wirklichkeit dagegen überlebte sie, heiratete, arbeitete als Verkäuferin im Bon Marché und lud, nicht im geringsten nachtragend, den Urheber ihres fiktiven Todes des öfteren zum Tee ein.

Um wieder zu Jesus zurückzukehren, was für einen Sinn hat diese Metamorphose, zu der er uns auffordert? Wir sollen, sagt Paulus, zu Gottes Kindern werden, und zwar durch Adoption. Was für uns bedeutet, daß wir es nicht von Anfang an waren, von Natur aus, sondern daß wir dazu aufgerufen sind, es durch bewußte Arbeit zu werden, die dann zur Gnade führt. Ein fundamentaler Unterschied zum Dogma des Sündenfalls, der Konzeption vom Verlorenen Paradies und der ursprünglichen Transzendenz, die wir eingebüßt haben. Dies ist die grundlegende Lehre des Christentums, sein totaler Bruch mit dem Alten Testament, und es ist nur zu verständlich, daß die Kirche alles getan hat, um diesen Aspekt von Jesu Botschaft zu tilgen. Denn er bedeutet doch: Es gibt keine Ursünde mehr, keinen angeborenen Makel und kein Mea culpa – wir müssen nur daran arbeiten, zum Assistenten des Schöpfers zu werden, uns selbst zur Welt zu bringen und dem großartigen Wesen zum Leben zu verhelfen, das in unsere Gene eingeschrieben ist.

Was kann man konkret tun, um diese Metamorphose in Gang zu bringen? Aufhören, Angst zu haben und sich zu schämen, und statt dessen an das Unmögliche glauben. Das wiederholte Auftauchen quasi-göttlichen Blutfarbstoffs, der uns zu Labortests einlädt, diese Herausforderung an den Verstand, diese spirituelle Belästigung – wären sie allesamt dazu bestimmt, uns von der

Narbenbildung abzuhalten? Soll durch sie der schlafende Zauber in uns erweckt werden, die Fähigkeit, uns buchstäblich selbst zu regenieren?

Und hat es mit den derzeit auftretenden Wundern ein Ende, sobald wir die Botschaft begreifen? Sind wir vielleicht sogar schon, ohne uns dessen bewußt zu sein, zu einer weiteren Etappe gelangt? Wenn das Grabtuch, wie einige Biologen behaupten, in seinem Behälter mit Inertgas unter dem Einfluß von grünen und purpurnen Bakterien, die sich mangels Sauerstoff darin stark vermehren, allmählich zerfällt, wenn Genforscher, Kirchenmänner und Zivilbehörden sich wegen der Reliquien entzweien und Schweigegebote, lautstarke Ankündigungen und gezielt gestreute Indiskretionen sich abwechseln, wenn, wie wir es während des Drehs erlebt haben, Wettbewerb, Eifersucht und Haß die Beziehungen zwischen den diversen Besitzern der Passionstücher und ihren Unterhändlern vergiften, dann müssen wir vielleicht, wollen wir die von uns erwartete Evolution vollziehen, anderswo nach dem Trost eines weniger abgenutzten Symbols suchen.

Ist es, so gesehen, nur ein weiterer Zufall, daß 2003 und 2004 aus den Ikonen von Maria und Jesus bei dem Pfarrer in Alberobello dasselbe Blut austrat?

Jesus und Maria: Tag und Nacht

Die ganze Zeit über, die ich den Jesus zugeschriebenen Reliquien gewidmet habe, beginnend bei meinem Roman *Das Evangelium nach Jimmy*, über die Monate der ebenso schwierigen wie leidenschaftlichen Recherchen, die zu Yves Boissets Film geführt haben, bis hin zum vorliegenden Text, war ich hin und her gerissen zwischen dem brennenden Wunsch zu verstehen und der Weigerung, mich manipulieren zu lassen, zwischen Begeisterung und Zweifel. Manchmal kam Staunen hinzu, oft Unbehagen.

Die sogenannten Passionstücher, vor allem das Turiner Grabtuch, rufen, so scheint mir, okkulte Kräfte auf den Plan, die nicht gerade eindeutige Absichten mit sich bringen. Man könnte meinen, das Licht, das von diesen Reliquien Christi ausgeht, ziehe jede Menge Motten an. Vielleicht hat es mit dem speziellen Charakter dieser Reliquien zu tun, mit ihrem physiologischen Gehalt. Jimmy Wood, der vermeintliche Jesus-Klon, drückte die Ungewißheit seiner Herkunft so aus: »Ich entstamme einem negativ geprägten Bild, einem Leichentuch, einem völlig unreinen Objekt, einer verfluchten Reliquie, die man verbergen wollte und schon immer verleugnet hat – vielleicht hätte man sie vernichten sollen. Man hat mich aus dem Blut eines Gekreuzigten gemacht, ich bin hervorgegangen aus dem, was von Jesus übrigblieb, jenem Teil, der nicht auferstanden ist …«

Aus dieser Perspektive betrachtet, ist das Negativ von Jesus auf dem Turiner Grabtuch das komplette Gegenteil von demjenigen Marias, wie es sich vor Zeugen am 12. Dezember 1531 auf der Tunika des Azteken Juan Diego abzeichnete – genau ein Jahr bevor das Grabtuch beinahe beim Brand von Chambéry vernichtet worden wäre, der es für immer zeichnen sollte. In der Jungfrau von Guadalupe,[56] deren Geschichte ich in meinem Roman *L'Apparition* (erscheint auf deutsch im Sommer 2007) erzähle, sehe ich das Positiv des Grabtuchs: Alles, was die beiden Abbildungen trennt, ist das Ergebnis perfekter Symmetrie.

Zunächst einmal ist das Grabtuch, das Joseph von Arimathia gekauft haben soll, um Jesus darin zu bestatten, ein kostbarer Stoff von feinster Webart, der nur den Reichsten der Reichen vorbehalten war. Die Tilma dagegen, jene Tunika, die Juan Diego trug, ist ein Armengewand aus Agavenfasern, das eigentlich nur an die zwanzig Jahre hätte halten dürfen. Es ist aber immer noch intakt, ganz im Gegensatz zum Grabtuch.

Das Bild Christi ist vermutlich in der Nacht im Grab entstanden, ohne Zeugen. Marias Abbild auf der Tilma dagegen erschien am hellichten Tag, vor einem Dutzend Personen, darunter der Bischof von Mexiko. Das Ereignis wird von verschiedenen zeitgenössischen Dokumenten aztekischer wie spanischer Provenienz bestätigt, die bis heute erhalten sind und als authentisch gelten.

Von Anfang an war die Existenz des Grabtuchs historisch umstritten. Man hat es angeblich versteckt, vergraben, vergessen, 525 bei der Flut von Edessa wiedergefunden und dann wieder jahrhundertelang verborgen, um – ohne Erfolg übrigens – Diebstahl, Verehrung durch das Volk und Versuche, es zu zerstören, zu verhindern. Nur bei seltenen Gelegenheiten wird es aus seinem Schrein hervorgeholt. Heute ist es womöglich für immer den menschlichen Blicken entzogen, den Bakterien in seinem gepanzerten Behälter mit Inertgas ausgeliefert.

Die Geschichte der Tilma dagegen liegt offen vor uns. Sie geriet nie aus dem Blickfeld, blieb immer am selben Ort und wird seit 1531 den Gläubigen in Mexiko in ihrem Heiligtum gezeigt, vor dem sich jedes Jahr zwanzig Millionen Menschen drängen.

Das Grabtuch ist ein Stück Stoff mit dem Blut und dem Serum eines Leichnams; die Tilma hingegen weist keinerlei menschliche Substanz auf. Hier gibt es nichts zu klonen, und so sind die Genforscher die einzigen, die sich nicht dafür interessiert haben.

Wenn die im Grabtuch enthaltene Botschaft die Folge einer Grablegung ist, so hat das, wofür die Tilma steht, einen Völkermord verhindert. Die Azteken standen nämlich kurz vor einer Revolte, um sich gegen die überzogenen Forderungen der spanischen Kolonialherren zur Wehr zu setzen – und diese hätten den Aufstand blutig niedergeschlagen. Die Tatsache, daß die Jungfrau Maria einen Indio zu ihrem Sprachrohr gewählt hatte, ihrem bildlichen Fürsprecher bei der katholischen Kirche, änderte die Haltung der Kirche in bezug auf die Azteken radikal und führte dazu, daß Paul III. in einer Bulle von 1537 den mexikanischen Indios eine Seele zugestand. Sie hatten nun nicht mehr den Status von Schlachtvieh: Wer einen Azteken tötete, beging auf einmal eine Sünde.

Durch die Verbindung zu Jesus und dessen Rolle als Gottessohn, welche sowohl das Judentum als auch der Islam bestreiten, hat das Grabtuch seit jeher religiöse Auseinandersetzungen entfacht. Dort, wo dieses die Gläubigen entzweit, führt die Tilma sie wieder zueinander. Der Mantel dieser Jungfrau, der große Ähnlichkeiten mit dem einer jungen Jüdin aus dem ersten Jahrhundert aufweist, ist nämlich mit Stickereien geschmückt, die aztekische Symbole darstellen und in einer nur den Indios verständlichen Sprache die Botschaft der Liebe und der friedlichen Fürsprache vermitteln, wie sie die Christen mit dem Bildnis Marias verbinden. Daß die Kirche anfangs auf große Distanz zum Tilma-Kult ging, rührt daher, daß diese bikulturelle Jungfrau ein wenig zu sehr Tonantzin ähnelte, der höchsten Gottheit des indianischen Pantheons, die man nur mit Mühe vergessen machen konnte – zumal diese Madonna vom Bischof von Mexiko verlangte, er möge ihr eine Kapelle auf dem Hügel errichten, der ehedem der Gottesmutter der Indios gewidmet war.

Wissenschaftler aus aller Welt haben die beiden Stoffe untersucht. Über den Ursprung des Grabtuchs wurden alle möglichen Theorien aufgestellt, und bis heute sperrt sich die Kirche gegen weitere Untersuchungen. Die Echtheit der Tilma dagegen wurde von der Wissenschaft nie angezweifelt, daran änderten auch die pluridisziplinären Untersuchungen nichts, die der mexikanische Klerus ständig anregte – insbesondere zur Zeit Monsignore Schulembourgs, des ehemaligen Rektors der Basilika von Guadalupe, der nie an den übernatürlichen Charakter dieses Kunstwerks glaubte. Gemäldeexperten, Fachleute für Astronomie und für Augenheilkunde, die er mit schöner Regelmäßigkeit herbeizitierte, um endlich die Fälschung aufzudecken – sie enttäuschten ihn immer wieder aufs neue.

Wie das Bild Jesu auf das Grabtuch kam, wurde nie geklärt. Ebenso ist es bei dem Bild Marias auf der Tilma, doch hier spielt das keine Rolle. Man könnte es für ein Gemälde halten, nur stammen die Farben von Pigmenten, die auf Erden unbekannt sind, und das Bild wurde beidseitig, ohne daß irgendwelche Spuren der Bearbeitung zu sehen sind, auf ein ebenso lockeres wie unregelmäßiges Gewebe übertragen – weitere Faktoren, deren Zusammenspiel eigentlich unmöglich ist und die doch bei jeder Untersuchung bestätigt werden.

Doch es kommt noch besser: Man hat entdeckt, daß die Sterne auf dem Mantel der Jungfrau genau die Konstellation über Mexiko am Tag und zur Stunde der Erscheinung darstellt, was die astronomischen und reproduktionstechnischen Kenntnisse des sechzehnten Jahrhunderts übersteigt. Wir haben es hier mit einer Art direkten Projektion des Himmels auf den Stoff zu tun, wobei die Position der Sterne seitenverkehrt ist – wiederum eine Parallele zum Grabtuch, doch damit hören die Gemeinsamkeiten schon auf. Das Himmelsgewölbe wird überdies auf dem platten Stoff nach den Gesetzen der Anamorphose dargestellt, die erst im achtzehnten Jahrhundert definiert wurden.

Die Augen dieser Jungfrau weisen unterm Ophthalmoskop die Charakteristika von Pupillen lebender Menschen auf, insbesondere eine leichte Wölbung, die auf einer glatten, zu allem Überfluß auch noch opaken Oberfläche unmöglich erzeugt werden kann. Darüber hinaus entdeckte man zu Beginn des zwanzigsten

Jahrhunderts, daß sich in diesen Augen die Zeugen der Marienerscheinung spiegelten: der Bischof von Mexiko und weitere Personen. Diese Beobachtung wurde seither von den größten Ophthalmologen und Experten für Fotobearbeitung der NASA bestätigt.[57] Wie bei einem »normalen« Auge spiegelt sich die Szene, die das Subjekt gerade sieht, dreimal: auf der Hornhaut, dann auf der Vorderseite der Linse, und zwar kopfüber, schließlich auf der Rückseite der Linse. Dieses Phänomen stimmt vollkommen mit dem optischen Gesetz Purkinje-Samsons überein, das dieser 1832 aufstellte. Bislang letzte Entdeckung: An der Spitze eines Expertenteams stellte Doktor Jorge Escalante 1991 eindeutige Anzeichen für arterielle Mikrozirkulation fest.

Erneut verweise ich meine Leser auf das Kapitel »Fälscher verzweifelt gesucht«. Wie bei den Passionstüchern und den blutenden Gegenständen ist die einzig »rationale« Erklärung die, daß wir es hier mit Fälschern zu tun haben, die die Reliquie bei jedem neuerlichen Fortschritt der Wissenschaft aktualisieren. Wieder einmal haben wir demnach die Wahl zwischen dem Unvorstellbaren und dem Unmöglichen. Natürlich könnten wir all das auch ganz vergessen, das Buch also zuklappen und uns wieder den alltäglichen Verrichtungen zuwenden. Diese Vogel-Strauß-Politik hat ihr Gutes: Alles hängt allerdings davon ab, was sich im Sand verbirgt.

Das Grabtuch von Turin hat im Laufe seiner Geschichte alle möglichen Katastrophen überstehen müssen – Überschwemmungen, Brände, Verschmutzung durch Bakterien –, was zu irreparablen Schäden geführt hat. Gleiches gilt für das Schweißtuch von Oviedo, das, abgesehen von den Kußspuren der Gattin Francos, einen durch die Bombe von 1934 verursachten Riß aufweist. Die Tunika von Argenteuil wiederum wurde von einem Kirchenmann, der glaubte, sie gegen die Plünderung durch die Anhänger der Revolution verteidigen zu müssen, in Stücke geschnitten, und nun wird sie von Motten und vom DDT zerfressen, und die Schimmelsporen knabbern an ihr. Der Tilma hingegen geht es sehr gut.

Zunächst einmal ist dieses zarte Agavengewebe unzerstörbar; niemand versteht, weshalb. Man hat Kopien der Jungfrau auf identischen Stoffen angefertigt, doch diese zerfielen innerhalb weniger Jahre zu Staub. Obwohl es über ein Jahrhundert noch nicht einmal in einer schützenden Vitrine gezeigt wurde, widerstand das Original einem Insektenbefall, dem Eifer der Gläubigen, die es ohne Unterlaß berührten und an sich preßten, vor allem aber der Hitze, die von den ständig in seiner Umgebung brennenden Kerzen ausging. 1791, während der Silberrahmen gereinigt wurde, tropfte Säure auf das Gewebe und hätte logischerweise Risse in der Oberfläche erzeugen müssen. Die gelblichen

Flecken, die einzigen Folgen des Vorfalls, verschwanden den Fachleuten zufolge, die diese seltsame textile Regeneration über Jahre hinweg beobachteten. Am 14. November 1921 ließ eine Bombe die Fenster der Basilika, die die Tilma beherbergt, und der umliegenden Häuser zerbersten, die Heftigkeit der Explosion verbog das bronzene Kruzifix. Was geschah mit der direkt darüber angebrachten Reliquie? Weder der Rahmen noch das Bildnis selbst nahmen den geringsten Schaden.

Es erstaunt daher nicht, daß dieses Kleidungsstück Wunder vollbringen kann. Offiziell hat das Grabtuch nie welche hervorgebracht – was man ihm übrigens auch vorwirft. Es ist sogar der Grund, aus dem der äußerst katholische Doktor Pascal im Jahre 1938 an seiner Authentizität zweifelte. »Wie ist diese seltsame Ohnmacht zu erklären? Für den Gläubigen gibt es nur eine Lösung: Das Grabtuch von Turin ist apokryph. Für den Skeptiker ist es noch einfacher: Daß es hier keine Wunder oder Heilungen gibt, bedeutet, daß man nie an die Echtheit der Reliquie geglaubt hat. Da einen nur der Glaube retten kann, hatten die Gläubigen wohl nie das notwendige Vertrauen in die Reliquie. Sie sahen darin nichts weiter als eine Darstellung Christi.«[58]

Doch Wunder zu vollbringen, lieber Doktor, ist vielleicht nicht die wahre Mission des Grabtuchs. Jedem seine Aufgabe und seine spezifische Botschaft. Dieses Grabtuch ist kein Glücksbringer, es ist eine Gedächtnisstütze – oder ein Sicherheitsleuchtfeuer. Dies ist die Theorie des Mathematikers Upinsky. Für ihn hat die Kirche zwanzig Jahrhunderte lang die Rolle eines Leuchtfeuers gespielt und die Botschaft der vier Evangelien in die Welt hinausgesandt. Doch allmählich wurde der Widerspruch zwischen der biblischen Sicht auf die Geschichte und der Realität der modernen Welt, zwischen den geistigen Grundprinzipien der Kirche und ihren strategischen Zielen immer größer. Und so begann letztere in der zweiten Hälfte des zwanzigsten Jahrhunderts, sich von ihrem doppelten Gründungsprinzip zu distanzieren. Immer häufiger wurden die Menschwerdung des Gottessohnes und seine Auferstehung als Allegorien betrachtet, als Abstraktionen und schlichte Denkanstöße, die zu den moralischen Werten führen sollten – ebenso wie die Wunder in der Heiligen Schrift. Diese Distanz zu den Gründungsprinzipien ging mit einem immer eklatanteren Glaubensverlust einher, einer Krise der inneren Berufung und des Bewußtseins, wie sie das Christentum in diesem Ausmaß noch nicht kannte.

Genau da beginnt nun das Grabtuch zu »sprechen«, und zwar durch die Fotografien Secondo Pias. »So als ob das Grabtuch, das seit Beginn der christlichen Zeitrechnung erloschen war, nun plötzlich zu leuchten begonnen hätte, wie ein Sicherheitsleuchtfeuer, das dem in Seenot geratenen Schiffer den Weg weisen sollte.

[…] Das auffälligste war, daß das Hauptleuchtfeuer immer wieder dem neuen Leuchtfeuer die Sichtbarkeit zu verwehren drohte, die doch vonnöten war, um im Sturm die Sicherheit der in Seenot geratenen Schiffe zu gewährleisten.«[59]

Die Negativ-Botschaft des Grabtuchs der Anfangszeit sollte demnach von der Postiv-Botschaft aus der Neuen Welt übernommen, ja vervollständigt werden. Während das von Jesus hinterlassene Abbild uns stets an das Leiden erinnert, das den Tod überwindet, stellt dasjenige Marias einen Hinweis auf das stetige Vorhandensein des Wunderbaren als Grundlage des Lebens dar.

Im Juli 2002 wurde Juan Diego von Papst Johannes Paul II. heiliggesprochen. Zwei Wunder muß ein künftiger Heiliger vollbracht haben, damit er Aussicht auf Anerkennung hat. Eines der Wunder, die unter Hunderten anderer angeführt wurden, ist das vom 3. Mai 1990. Ein junger Mann springt vor den Augen seiner Mutter ins Leere und trifft mit dem Kopf voran auf dem Asphalt auf. Er wird in die Klinik gebracht, wo die Diagnose keinerlei Anlaß zur Hoffnung gibt: Schädelbasisbruch und Wirbelsäulenfraktur – dies bedeutet totale Lähmung, die unmittelbar zum Tod führen wird. Seine Mutter rennt in die Basilika von Guadalupe, um zur Jungfrau und zu Juan Diego zu beten, die in hoffnungslosen Fällen schon vielen geholfen haben sollen. Sieben Tage später ist der junge Mann bei bester körperlicher wie geistiger Gesundheit, ohne die geringsten Folgeerscheinungen.

In Mexiko habe ich Professor Hernandez Illescas getroffen, der damit beauftragt war, die Beweisstücke für den Vatikan zusammenzutragen. Er zeigte mir die beiden riesigen, in Kalbsleder eingeschlagenen Bände mit dem medizinischen Untersuchungsbericht, den Zeugenberichten und weiteren Informationen. Nach eingehender Untersuchung kam das von der Kongregation für die Heiligsprechung beauftragte unabhängige Ärztekomitee einstimmig zu dem Schluß, es handele sich hier nicht um ein, sondern um zwei verschiedene Wunder, da sowohl der Schädelbasisbruch wie auch die Wirbelsäulenfraktur unheilbar und tödlich waren.

Die Wunder, die Maria, Jesus oder ihren Bevollmächtigten zugeschrieben werden, scheinen seit einigen Jahren beträchtlich zuzunehmen. Doch wie wir gesehen haben, liegt der tatsächliche Wendepunkt am Ende des neunzehnten Jahrhunderts. 1898 wird durch die Erfindung der Fotografie das wirkliche Bild auf dem Grabtuch sichtbar. Kurz darauf erkennt man auf der Vergrößerung eines Fotos der Jungfrau von Guadalupe, wie sich in ihren Augen ein bärtiger Mann spiegelt – ein Vorgeschmack auf künftige ophthalmologische Entdeckungen. Zu dieser Zeit werden auch die ersten Analysen des Blutes auf der Tunika von Argenteuil veröffentlicht. 1898 schließlich wird zum erstenmal die Autopsie eines Wunders durchgeführt.

Pierre de Rudder, ein belgischer Bauer, hatte ein derart schrecklich zertrümmertes Bein, daß die Knochen auch nach acht Jahren nicht wieder zusammengewachsen waren. Da erfuhr er, daß man kurz zuvor in seiner Nachbarschaft eine Nachbildung der Grotte von Lourdes errichtet hatte. Am 7. April 1875 schleppt er sich mit seinen Krücken dorthin. Auf einmal wirft er diese von sich, dankt der Heiligen Jungfrau überschwenglich und springt vor der erstarrten Menge rund um die Grotte. Die Heilungen von Lourdes sind also nicht notwendigerweise an ein bestimmtes Mikroklima, die biblische Geschichte oder an geweihtes Quellwasser gebunden. Eine belgische Nachbildung tut es auch.

Die Ärzte, die am nächsten Tag den so wundersam Geheilten untersuchen, stellen fest, daß die Knochen nachgewachsen sind und der Wundbrand verschwunden ist. Am darauffolgenden Montag fängt Pierre wieder zu arbeiten an und bleibt bis zu seinem Tod im Alter von fünfundsiebzig Jahren Bauer.

Es wird beschlossen, eine Autopsie durchzuführen, und diese Untersuchung bestätigt die Fakten: Es finden sich Spuren lange zurückliegender Brüche, die urplötzlich wieder verheilt sind. Der Messingabguß von Pierre de Rudders Bein ist noch heute in Lourdes zu besichtigen.[60]

Zum Abschluß dieses Überblicks über all die Metamorphosen, die zum Nachdenken anregen – stammen sie nun vom Himmel selbst, oder entspringen sie unseren inneren Kraftreserven? –, möchte ich gern das hübsche Anti-Glaubensbekenntnis aus der Feder des Agnostikers Yves Delage zitieren, das in dem von der Akademie der Wissenschaften 1902 veröffentlichten Abschlußbericht zum Turiner Grabtuch fehlte – wohl weil es ein Beispiel für Ehrlichkeit zur falschen Zeit ist: »Unnützerweise hat man ein rein wissenschaftliches Problem mit einer religiösen Frage befrachtet, was unweigerlich dazu führte, daß die Leidenschaften hochgekocht sind und die Vernuft an den Rand gedrängt wurde. Hätte es sich nicht um Christus, sondern um irgendeine Persönlichkeit wie Achill oder einen der Pharaonen gehandelt, niemand hätte etwas einzuwenden gehabt ... Ich habe diese Frage getreu dem echten Wissenschaftsgeist behandelt und mich einzig und allein an die Wahrheit gehalten, ohne mich auch nur im mindesten um die Auswirkungen auf die Interessen irgendeiner religiösen Gruppe zu kümmern. Ich betrachte Christus als historische Persönlichkeit und sehe keinen Grund, weshalb jemand sich darüber aufregen sollte, daß es noch materielle Spuren seines irdischen Daseins gibt.«[61]

Ohne daß ich mir dessen beim Schreiben bewußt gewesen wäre, ist *Die Jesus-Formel* der letzte Teil des

Triptychons, das mit *L'Apparition* und *Das Evangelium nach Jimmy* begonnen hatte. Ich habe nicht den Eindruck, daß dieses Abenteuer aus drei Altarbildern, bei dem Untersuchungen und Erfahrungen durch Imaginäres vervollständigt und anschließend erneut mit der Realität verglichen werden, mich im Glauben bestärkt hätte. Es hat mich in meiner Rolle bestätigt; sie ist meine einzige Gewißheit. Ich werde nie ein Guru, ein Ratgeber in moralischen Dingen oder ein Wegweiser sein. Ich bin und bleibe ein Übermittler von Träumen, nichts weiter. Vielleicht trage ich jedoch – wie es die Quantenphysik nahelegt – unbewußt dazu bei, die Realität durch diese Träume zu beeinflussen.

Was soll ich abschließend sagen? Ich überlasse Claude Tresmontant das Wort: »Schlimm ist nicht, eine Raupe zu sein, schlimm ist es, sich gegen die Verwandlung von der Raupe zum Schmetterling zu sperren.«

Jesus und Maria, wenn sie es denn sind, ermuntern uns durch die materiellen Zeichen, die sie uns senden, dazu, die Macht über die Materie zu ergreifen, die uns lähmt oder uns zum Schaden gereicht. Sie beschränken sich nicht darauf, unsere physikalischen Gesetze zu übertreten, um sich bemerkbar zu machen: Sie liefern uns die Hinweise und die Energie, die wir benötigen, um neue physikalische Gesetze entdecken zu können, eine neue Gebrauchsanweisung für die Welt und uns selbst. Sie regen uns dazu an, unseren Bauplan zu vollenden, anstatt weiterhin die Erde zu zerstören. Und sie rufen uns die uns einprogrammierte Metamorphose ins Gedächtnis, die wir jedoch selbst in Gang setzen müssen.

Sie konfrontieren uns mit einem Fluchtplan, zeigen, wie wir uns, wenn wir nur bereit sind, aus unseren eigenen Fesseln befreien können: aus Todesangst, blindem Fanatismus oder stumpfem Unglauben, aus der drückenden Last der Verzweiflung, dem vermeintlichen Schlupfwinkel des Egoismus und der Macht … Sie fordern uns zum spirituellen Klonen unserer selbst auf, damit wir zu einem anderen Wesen werden können, das unser Sein fortsetzt und transzendiert. Sie ermuntern uns, die Genbarrieren, wie die Biologen es nennen, zu durchbrechen. Sie geben uns den Schlüssel dazu.

Möge jeder in seinem Herzen oder seinem Verstand das passende Schloß dazu finden.

Anmerkungen

1 André Marion, *Jésus et la Science* (Presses de la Renaissance, 2000)

2 André Marion und Anne-Laure Courage, *Nouvelles découvertes sur le Suaire de Turin* (Albin Michel, 1997)

3 *Optical Engineering*, Vol. 37, Nr. 8, 1998

4 Xavier Léon-Dufour, *Résurrection de Jésus et message pascal* (Le Seuil, 1971)

5 Für eine Datierung auf den Beginn unserer Zeitrechnung spricht folgendes: Die Maße des Tuches (exakt mit der jüdischen Elle übereinstimmend, die zu Jesu Lebzeiten in Gebrauch war), die Struktur des Leinens und seine Webart (typisch für das Syrien der ersten Jahrhunderte), die Spuren einer für den Nahen Osten charakteristischen Baumwolle, die Technik des Bleichens nach dem Weben (nach dem achten Jahrhundert nur mehr selten ausgeführt), die seitliche Naht (vom selben Typ wie auf Stoffen, die in Masada – im Jahre 74 von den Römern zerstört – gefunden wurden). Außerdem soll auf der Vergrößerung eines Augenlids auf dem Grabtuch der Abdruck einer unter Pontius Pilatus geprägten Münze zu sehen sein, die zwischen 30 und 32 in Umlauf war. Sie wurde von Pater Filas, einem Physiker an der Loyola-Universität Chicago, entdeckt und weist eine Anomalie auf (Tiberius Caesar ist mit C anstelle K geschrieben), die Numismatiker zu der Annahme verleitete, die Münze sei nicht echt. 1981 wurden jedoch ähnliche Münzen mit demselben Fehler ausgegraben. Das Vorhandensein derartiger Münzen, die die Lider des Toten geschlossen halten sollten, wird von den Untersuchun-

gen Professor André Marions nicht bestätigt. Zahlreiche Belege für diese Theorie finden sich dagegen in Bruno Bonnet-Eymards *Le Saint Suaire, signe de contradiction* (CRC, 1990).

6 Der Codex Pray ist der älteste bekannte Text in ungarischer Sprache. Er enthält Musikstücke, die sogenannten Neumen, die eine genaue Datierung ermöglichen.

7 Paul Vignon, *Le Saint Suaire de Turin* (Masson, 1938)

8 Ian Wilson, *Das Turiner Grabtuch* (Goldmann, 2001)

9 *Revue internationale du Linceul de Turin* (CIELT, Nr. 25, 2003)

10 Maria Grazia Siliato, *Und das Grabtuch ist doch echt: die neuen Beweise* (Heyne, 1998)

11 Der Text findet sich in A.-M. Dubarle, *Histoire ancienne du Linceul de Turin jusqu'au XIIe siècle* (ŒIL, Paris, 1985).

12 Im Gefolge des äußerst skeptischen Kanonikers Ulysse Chevalier zu Beginn des zwanzigsten Jahrhunderts findet Pater Jean-Michel Maldamé, Dekan der Philosophischen Fakultät des Institut catholique de Toulouse, auch heute noch, daß »der Wunsch, die Authentizität des Grabtuchs beweisen zu wollen, eine Falle ist«, denn sollte das Porträt das einzige Bildnis Jesu darstellen, würde es als Schutzwall zwischen Gott und dem Betenden fungieren. Sich auf den Beweis zu konzentrieren bedeute aber, »den Gehalt des Glaubens zu reduzieren und aus der Auferstehung Jesu ein Mirakel zu machen, im positivistischen Sinne des Begriffs« (*Le Monde*, 3. Juli 1996). Dies ist einer der Gründe, weshalb die Kirche das Grabtuch heute als Ikone und nicht als Reliquie einstuft.

13 Henri Broch, *Le Paranormal* (Points Sciences, 2001)

14 *Histoire du Saint Suaire et de la Maison de Savoie*, Vortrag von Prinzessin Maria-Gabriella von Savoyen

15 Marie-Claire van Oosterwyck-Gastuche, *Le Radiocarbone face au Linceul de Turin* (F.-X. de Guibert, 1999)

16 Pierluigi Baima Bollone, *101 questions sur le Saint Suaire* (Éditions Saint-Augustin, 2001)

17 Pressemitteilung von Agence France Presse, Dienstag, 3. August 1999, 20.37 Uhr

18 François Brune, *Dieu et Satan, le combat continue* (Oxus, 2004)
19 François Le Quéré, *La Sainte Tunique d'Argenteuil* (F.-X. de Guibert, 1997/2000)
20 Bulletin des Comité œcuménique et scientifique de la Tunique d'Argenteuil (UNEC, Saint-Gratien, 13. Dezember 2004)
21 Jean-Maurice Devals, *Une si humble et si sainte Tunique* (F.-X. de Guibert, 2005)
22 *L'identification scientifique de l'homme du Linceul* (Forschungsbericht vom internationalen wissenschaftlichen Symposium in Rom 1993; F.-X. de Guibert, 1995); Arnaud-Aaron Upinsky, *L'Énigme du Linceul* (Fayard, 1998)
23 Denis Deforges, *L'Affaire du Linceul de Turin* (Albin Michel, 2005)
24 Ebd.
25 Jacques Duquesne, *Maria. Die Mutter Jesu* (DVA, 2005)
26 François Brune, *Les Miracles et autres prodiges* (Oxus, 2000)
27 Leoncio Garza-Valdés, *The DNA of God?* (Doubleday, 1999)
28 Georges Charpak/Henri Broch, *Was macht der Fakir auf dem Nagelbrett?* (Piper, 2005)
29 J.H. Heller und A.D. Adler, »Blood on the Shroud of Turin« (in: *Applied Optics*, 15. August 1980)
30 Pierluigi Baima Bollone, op. cit.; Richard Golay, »Suaire de Turin: a-t-on daté en partie un raccommodage?« (in: *Revue française de parapsychologie*, Toulouse, Juli 2002)
31 Claude Tresmontant, *L'Enseignement de Ieshoua de Nazareth* (Le Seuil, 1970)
32 François Brune, *Saint-Paul, le témoignage mystique* (Oxus, 2003)
33 *D'une vie à l'autre*, Evelyn Elsaesser Valarino im Gespräch (Dervy, 1999)
34 Lynn Picknett und Clive Prince, *Die Jesus-Fälschung – Leonardo da Vinci und das Turiner Grabtuch* (Lübbe, 1995)
35 François Brune, *Dieu et Satan*, op. cit.
36 Arnaud-Aaron Upinsky, op. cit.
37 Diese These wird in einer englischen Fernsehdokumentation von Professor Nicholas Alben vertreten, der immerhin ein-

räumt, diese »fotografische« Manipulation könne im vierzehnten Jahrhundert entstanden sein, indem mittels Sonnenlicht und einer Linse ein unbeweglicher Körper auf ein mit Silbersulfat behandeltes Leintuch projiziert wurde.

38 Denis Deforges, op. cit.

39 Jean-Baptiste Rinaudo, *Nouveau mécanisme de formation de l'Image sur le Linceul de Turin, ayant pu entraîner une fausse datation médiévale* (Forschungsbericht vom internationalen wissenschaftlichen Symposium in Rom, op. cit.)

40 *Hypothèse expliquant la formation de toutes les traces dans le Linceul de Turin* (Forschungsbericht vom internationalen wissenschaftlichen Symposium in Rom, op. cit.)

41 Gaston Ciais, »Laserthérapie dans la prévention et le traitement des mucites liées à la chimiothérapie« (in: *Bulletin du cancer*, Februar 1992)

42 Trinh Xuan Thuan, *Le Chaos et l'Harmonie* (Folio Essais, 2000)

43 Axel Kahn und Fabrice Papillon: *Le Secret de la salamandre: la médicine en quête d'immortalité* (Nil, 2005)

44 Radiosendung *Science Frictions* von Jean-Yves Naud und Michel Alberganti/France Culture, 27. November 2004

45 *El Mundo*, Madrid. Wiederabdruck im *Courrier international* (9. Januar 2003); *Revue internationale du Linceul de Turin*, Nr. 25

46 Bertrand Jordan, *Les Marchands de clones* (Le Seuil, 2003)

47 Unterpräfekt Maurice (alias Jean-Maurice Devals) enthüllt in seinem interessanten Werk *Une si humble et si sainte Tunique*, op. cit., S. 65, daß bei den Untersuchungen von 2003/04 die Maße der Tunika nicht mit denjenigen von 1892 übereinstimmten. Entweder waren letztere fehlerhaft, oder es fehlte ein 5,5 x 3 cm großes Stück.

48 Trinh Xuan Thuan, op. cit.

49 René Péoc'h, »Expérience de psychokinèse« (in: *Paranormal, mythes et réalités*, Forschungsbericht des Symposiums in Paris vom November 2000, hg. von Eric Raulet und Emmanuel-Juste Duits; Dervy, 2002)

50 René Péoc'h, *Mise en évidence d'un effet psychophysique sur le tychoscope par l'homme et le poussin* (Medizinische Doktorarbeit / Université de Nantes, 1986)
51 Claude Tresmontant, *Der Weg nach innen. Christliche Mystik und die Zukunft der Menschen* (Verlag Styria, 1980)
52 Ebd.
53 Catherine Ziller, *Régénération et cicatrisation* (Encyclopædia Universalis)
54 Pierre Lunel, *Les Guérisons miraculeuses* (Plon, 2002)
55 Émile Zola, *Lourdes* (Dieterich, 1962 et passim)
56 François Brune, *La Vierge du Mexique* (Le Jardin des Livres, 2003); B. Bonnet-Eymard, *Notre-Dame de Guadalupe et son image devant l'histoire et la science* (CRC, Nr. 157, September 1980)
57 J.A. Tonsmann, *Los Ojos de la Virgen de Guadalupe* (Diana Editorial, 1993); Jody Brant Smith, *The Image of Guadalupe, Myth or Miracle?* (Doubleday, 1983)
58 Doktor Pascal, *Revue métapsychique*, Nr. 1, 1938
59 Arnaud-Aaron Upinsky, op. cit.
60 Pierre Lunel, op. cit.
61 Brief Professor Yves Delages an Doktor Charles Richet, Herausgeber der Zeitschrift *La Revue scientifique*

Didier van Cauwelaert
Das Evangelium nach Jimmy
Roman
Aus dem Französischen von
Olaf Matthias Roth
406 Seiten. Gebunden
ISBN 3-352-00733-0

»Ein großartiger Roman. Und rotzfrech.« Le Figaro

»Ich heiße Jimmy Wood, bin 32 Jahre alt und repariere Swimmingpools in Connecticut. Drei Abgesandte des Weißen Hauses haben mir soeben mitgeteilt, daß ich der Klon Christi bin.« Was tun, wenn ein Jurist, ein Priester und ein Arzt behaupten, daß man göttliche Gene in sich trägt? Jimmy hat keine Wahl, denn der Präsident der Vereinigten Staaten hat Großes mit ihm vor. Nur wenig später macht sich eine ganze Armada aus Presseleuten, Stylisten, Psychologen, Ernährungsberatern und Geistlichen ans Werk, um Jimmy in seine neue Funktion als Messias einzuführen.

»Eine fantastische Farce und eine bitterböse Gesellschaftssatire.« NDR

»Superwitzig und so böse!« ARTE

Mehr Informationen erhalten Sie unter
www.aufbau-verlag.de oder in Ihrer Buchhandlung

rütten & loening
AUFBAU VERLAGSGRUPPE